**GEOGRAPHICA
BERNENSIA**

P 27

MARKUS WYSS

ÖKOLOGISCHE ASPEKTE DER WIRTSCHAFTLICHEN ZUSAMMENARBEIT MIT DEN ENTWICKLUNGSLÄNDERN

Geographisches Institut der Universität Bern   1992

GEOGRAPHICA BERNENSIA

Reihe	A	African Studies
Reihe	B	Berichte über Exkursionen, Studienlager und Seminarveranstaltungen
Reihe	G	Grundlagenforschung
Reihe	P	Geographie für die Praxis
Reihe	S	Geographie für die Schule
Reihe	U	Skripten für den Universitätsunterricht

P 27

Markus Wyss

Herausgeber	Dozenten des Geographischen Institutes der Universität Bern K. Aerni, W. Bätzing, M. Baumgartner, H.-R. Egli, H. Elsenbeer, P. Germann, H. Hurni, H. Kienholz, B. Messerli, P. Messerli, H. Wanner, R. Weingartner, U. Wiesmann
Verlag	Arbeitsgemeinschaft GEOGRAPHICA BERNENSIA in Zusammenarbeit mit der Geographischen Gesellschaft von Bern Hallerstrasse 12, CH-3012 Bern
Redaktion	Prof. Dr. Bruno Messerli; Prof. Dr. Thomas Straubhaar
Druck	Difo Druck, Bamberg

Die vorliegende Arbeit entstand im Rahmen des Nationalen Forschungsprogramms NFP 28 'Die Schweiz in einer sich ändernden Welt, Aussenwirtschaft und Entwicklungspolitik' und wurde an der philosophisch-naturwissenschaftlichen Fakultät der Universität Bern am 14. Mai 1992 als Inauguraldissertation angenommen. Der Druck wurde ermöglicht durch eine grosszügige finanzielle Unterstützung folgender Institutionen:
- Stiftung Marchese Francesco Medici del Vascello
- Arbeitsgemeinschaft GEOGRAPHICA BERNENSIA
- Schweizerischer Nationalfonds zur Förderung der wissenschaftlichen Forschung

Titelbild	Luftbelastung durch eine Zellstoffabrik (Jari-FACEL) im Amazonasgebiet (Brasilien)
Copyright	Geograpisches Institut der Universität Bern 1992 ISBN 3-906290-83-2

INHALT

ABKÜRZUNGEN

Abs.	Absatz in einem Gesetzestext
AG	Aktiengesellschaft
ARA	Abwasserreinigungsanlage
Art.	Gesetzesartikel
BAWI	Bundesamt für Aussenwirtschaft
BASF	Badische Anilin- und Sodafabrik
BOD_5	Biologischer Sauerstoffbedarf (gemessen während 5 Tagen)
BUWAL	Bundesamt für Umwelt, Landschaft und Wald
CETESB	Companhia de Tecnologia de Saneamento Ambiental
DEH	Direktion für Entwicklungszusammenarbeit und humanitäre Hilfe
ERG	Exportrisikogarantie
GIUB	Geographisches Institut der Universität Bern
IQR	Industria Quimica de Resende
IRG	Investitionsrisikogarantie
MNU	Multinationale Unternehmung, Transnationale Unternehmung
NFP 28	Nationales Forschungsprogramm Nummer 28
OECD	Organization for Economic Co-operation and Development
S.A.	Société Anonyme
TA	Technische Anleitung (TA Luft = Luftreinhalteverordnung der BRD)
UNEP	United Nations Environment Program
UNIDO	United Nations Industrial Development Organisation
UNO	United Nations Organisation
USG	Bundesgesetz über den Umweltschutz vom 7.10.1983
UVP	Umweltverträglichkeitsprüfung

VERZEICHNIS DER DARSTELLUNGEN

DANK

Danken möchte ich in erster Linie den gegen hundert Interview-partnern. Sie räumten trotz ihrer grossen Arbeitsbelastung den Treffen mit uns sehr viel Zeit ein und gingen äusserst kompetent auf unsere Fragen ein. Nur aufgrund dieser Bereitschaft, sich den vielen Fragen zu stellen, konnte die Untersuchung durchgeführt werden. Sie alle hier einzeln aufzuführen würde den Rahmen dieser Seite sprengen. Im Quellenverzeichnis sind sie jedoch mit genauer Adresse aufgeführt. Herausgreifen möchte ich aber doch drei Herren, nämlich General-konsul Benedikt Keiser (Bombay), Rogerio Ramspacher (Resende) und Dr. Ernesto Moeri (Sao Paulo). Sie schufen durch ihre grosse per-sönliche Unterstützung in Indien bzw. Brasilien ein Auffangnetz, ohne dessen Existenz meine dicht gedrängten Forschungsreisen nicht so rei-bungslos abgelaufen wären.

Ein besonderer Dank gebührt auch meinen beiden akademischen Betreuern Prof. Dr. Bruno Messerli und Prof. Dr. Thomas Straubhaar. Trotz ihrem sehr gefüllten Arbeitsprogramm fanden sie immer Zeit, mich fachkundig zu beraten und mir neue Impulse für die Arbeit zu geben. Besonders Prof. Messerli verstand es, in meinen 5 Jahren Assistenzzeit meine Begeisterung an der Arbeit eines Geographen gezielt zu vertiefen.

Drittens gilt mein Dank Frau Dr. phil. Margrit Guex-Graber für die sprachliche Durchsicht des Manuskripts.

ZUSAMMENFASSUNG

Angeregt durch das BAWI und die DEH, suchten wir in den letzten vier Jahren, im Rahmen des NFP 28, nach Möglichkeiten der schweizerischen Förderung einer nachhaltigen Entwicklung in den **industriell-urbanen Räumen** von **weniger entwickelten Ländern**. Bei der Analyse des Umweltverhaltens schweizerischer Aktoren in ausgewählten Gebieten des Südens liessen wir uns von folgenden Fragen leiten:

(1) Wieweit beeinflussen Unterschiede in der Umweltgesetzgebung zwischen den weniger entwickelten Staaten und der Schweiz die **Standortwahl** eines Unternehmens? Nutzen Schweizer Firmen die Standorte mit geringer staatlicher Aufsicht zu umweltbelastender Produktion?

(2) Verfolgen schweizerische Firmen eine **'one standard'-Strategie** bezüglich Umweltschutz? Produzieren Firmen also z.B. in Basel nach den gleichen ökologischen Grundsätzen wie in Sao Paulo?

(3) Welche **Mehrkosten** entstehen, wenn eine Produktionsstätte in einem weniger entwickelten Land nicht mit den lokal üblichen Umweltstandards, sondern mit den Umweltnormen, die in der Schweiz gelten, gebaut und betrieben wird?

(4) Führen betriebswirtschaftliche Effizienzeinbussen, bedingt durch eine Produktion nach Schweizer Umweltnormen, im internationalen Konkurrenzkampf zu **Marktverzerrungen**? Lassen sich diese allenfalls kompensieren?

Unsere Untersuchung fiel bei vielen Firmen mit einem Kurswechsel in ihrer Informationspolitik über ökologische Fragen zusammen. Dadurch stiessen wir bei fast allen von uns angefragten Firmen auf eine grosse Offenheit. Vorgegangen wurde auf zwei Ebenen:

(1) Durch eine **Dokumentenanalyse** von Geschäftsberichten und offiziellen Publikationen zum Umweltschutz entstand ein Bild, über die Rolle, welche die Konzerne der Ökologie auf der strategischen Ebene zuweisen.

(2) Bei zwei **Feldaufenthalten** in Indien und Brasilien wurde die Implementierung der strategischen Ziele auf der operationellen Ebene überprüft. Als Interviewpartner dienten einerseits die Betriebsleiter und deren Umweltbeauftragte und andererseits Mitglieder der Unternehmensleitung. Um auch die Meinung der Gegenseite kennenzulernen,

fanden Gespräche mit den Umweltschutzbehörden auf der nationalen, der provinzialen und der kommunalen Ebene statt.

Wir können folgende Schlüsse ziehen:

(1) Die Berichte über die Umweltprobleme in den industriell-urbanen Gebieten in Entwicklungsländern weisen einen Handlungsbedarf auf.

(2) Unsere Untersuchung zeigt, dass mit einem Transfer von Umwelttechnologie aus der Schweiz eine klare Reduktion der Umweltbelastungen erreicht wurde. In den Branchen Nahrungsmittel, Chemie und Pharma, Steine und Erden sowie Zellstoff sind die Umweltschutzmassnahmen der schweizerischen Tochterfirmen qualitativ und quantitativ (4% der Gesamtinvestitionen) über dem Durchschnitt der lokalen und vergleichbar bis effizienter als die internationale Konkurrenz.

(3) Die neu geplanten Investitionen zeigen, dass der Transfer von Umwelttechnologien von den schweizerischen multinationalen Unternehmungen weiterhin als wichtige Aufgabe verstanden wird.

(4) Um Investitionen zu finanzieren, die sich erst mittelfristig bis langfristig auszahlen - Umweltschutzmassnahmen in Entwicklungsländern gehören typischerweise dazu - müssen vermehrt neue Möglichkeiten gesucht werden. Einige Finanzierungsmodelle sind bereits bekannt, konnten aber noch kaum genutzt werden.

(5) Die Unterschiede bei den Investitionskosten für den betrieblichen Umweltschutz aufgrund der verschiedenen Umweltschutzgesetze in der Schweiz und den Entwicklungsländern liegen für die 10 untersuchten Schweizer Konzerne in der Grössenordnung von 5%. Diese Differenz stellt allein keine genügend grosse Motivation dar, um Teile der Produktion an einen Standort in einem Entwicklungsland zu verlagern.

(6) Der weitaus grösste Teil der besuchten Betriebe produziert nach den lokal gültigen Umweltgesetzen. Die wirtschaftspolitischen Rahmenbedingungen verlangen sehr oft Produktionsmethoden, die nicht mit jenen in der Schweiz verglichen werden können. Daher kann kein von uns besuchter Betrieb für die wichtigsten Parameter im Abwasser- im Abfall- und im Lufthygienebereich Grenzwerte einhalten, wie sie in der Schweiz üblich sind.

(7) Die Umweltpolitik in 18 untersuchten Entwicklungsländern ist bedeutend weniger effizient als in den OECD Ländern. Häufig fehlt das juristische Instrumentarium oder es wird infolge der eingeschränkten technischen und finanziellen Möglichkeiten kaum genutzt. Die geringe Priorität der Umweltpolitik bewirkt überdies, dass durch Massnahmen aus anderen Bereichen der Politik (wie Wirtschafts- oder Sicherheitspolitik) Belastungen der Umwelt zusätzlich noch gefördert werden.

(8) Unsere industriellen Interviewpartner haben ein klares Bild vom Anforderungsprofil einer sowohl ökologisch wie ökonomisch effizienten Umweltpolitik. Der Mix der

umweltpolitischen Instrumente sollte frühzeitig berechenbar und streng sein sowie konsequent vollzogen und mit den übrigen Staaten harmonisiert werden.

(9) Von seiten der Wissenschaft bestehen noch kaum brauchbare Rezepte für eine effiziente Umweltpolitik in einem Entwicklungsland. Ein idealtypischer Mix von marktwirtschaftlichen und ordnungspolitischen Instrumenten wie er derzeit für westliche Staaten diskutiert wird, kann unter den besonderen sozio-ökonomischen Bedingungen in einem Entwicklungsland nicht entsprechend erfolgreich sein.

(10) Auf den vier Ebenen Produktegestaltung, Absatzweg, Finanzierung und Promotion haben wir eine mögliche Rolle der öffentlichen Hand zur Unterstützung des Transfers von Umwelttechnologie geprüft. Unserer Meinung nach kann die Bundesverwaltung in zwei Bereichen effiziente Förderungspolitik betreiben: Durch eine Verschärfung der umweltpolitischen Gesetzgebung in der Schweiz werden die Produzenten in erster Linie veranlasst, neue ökorelevante Technologien zu entwickeln. Durch eine Mithilfe bei der Verbesserung der Rahmenbedingungen in den Entwicklungsländern (z.B. Stärkung der Umweltbehörden) werden die multinationalen Firmen in zweiter Linie ermutigt, diese innovativen Technologien auch in jene Länder zu transferieren.

1 EINLEITUNG UND VORGEHENSWEISE

1.1 Einleitung

Die Luft in Mexico City ist so schlecht, dass kaum mehr ein Kind ohne chronische Lungenkrankheiten gross wird (WRI 1990: 40); die wichtigsten Flüsse Indiens enthalten derart viele pathogene Mikroorganismen, dass Krankheiten, wie Cholera und Typhus, epidemisch verbreitet werden (Bandyapadhyay 1985: 135, La Rivière 1989: 82); rund um die Grossstädte von Brasilien lagern auf illegalen Mülldeponien Millionen von Tonnen toxischer Stoffe und Schwermetalle (Hagemann 1985: 54); und die Elfenbeinküste hat in den letzten zwanzig Jahren drei Viertel ihres Waldbestandes verloren (WRI 1988: 186). Die Liste der Umweltprobleme in industriell-urbanen Räumen von Entwicklungsländern könnte beliebig verlängert werden. Wir können uns nun fragen, ob Tochterfirmen von schweizerischen Multinationalen Unternehmen auch einen Beitrag an diese Umweltbelastungen leisten oder ob im Gegenteil diese Firmen durch einen überdurchschnittlichen Einsatz von Umwelttechnologien beginnen, eine nachhaltige Entwicklung in diesen Gebieten fördern.

Seit einiger Zeit werden in verschiedenen westlichen Staaten, so auch in der Schweiz, die ökologischen Implikationen der Entwicklungszusammenarbeit eingehend verfolgt. Neu erarbeitete Massnahmenkataloge sollen dazu dienen, dass Entwicklungsprojekte in Zukunft keine unerwünschten Nebenwirkungen auf die Ökosysteme in den Empfängerländern zur Folge haben werden. Diese Untersuchungen beziehen sich hauptsächlich auf den ländlichen Agrarraum. Obschon sich im internationalen Vergleich die industriellen Investitionen in der Schweiz durch eine hohe Umweltverträglichkeit auszeichnen, wurde der Frage nach der Rolle von schweizerischen Projekten im Zusammenhang mit einem nachhaltigen Entwicklungsprozess in den industriell-urbanen Räumen der Entwicklungsländer bis anhin noch sehr wenig nachgegangen.

Die vorliegende Studie soll daher einige Aspekte untersuchen, die im Zusammenhang stehen mit der Hypothese, dass die schweizerischen Industrieprojekte in den Entwicklungsländern, im Bereich des Umweltschutzes, eine führende Rolle übernehmen könnten und müssten.

1.2 Systemabgrenzung

Anhand der drei Hauptelemente *'Ökologische Aspekte der wirtschaftlichen Zusammenarbeit mit den Entwicklungsländern'* des Titels gilt es, einige Grundhaltungen darzulegen, die implizit in allen Betrachtungen bewusst oder unbewusst mitgetragen werden.

Wir sprechen von *ökologischen Aspekten.* Die verschiedenen Definitionen des Begriffs Ökologie reichen von der 'Lehre vom Haushalt der Natur' bis hin zu sehr ambitiösen Umschreibungen, die in der Ökologie eine Art Überwissenschaft sehen. Unbestritten wird in allen Ausführungen zum Begriff Ökologie Ernst Häeckel (1866) als Schöpfer dieser wissenschaftlichen Disziplin genannt. In jüngster Zeit ist aus dem Wort Ökologie ein Begriff mit einem sehr weiten Anwendungsbereich entstanden. Ohne den Begriff genau definieren zu können, kann mit dem Wort Ökologie ein breites Feld auf einen Nenner gebracht werden. Einig sind sich die meisten Autoren in der Definition, dass es sich bei der Ökologie um die Betrachtung der Beziehungen von Organismen zu ihrer Umwelt handelt. Die Kontroverse kristallisiert sich vor allem in den Fragen:

- ob die erwähnten Beziehungen nur zu beschreiben oder auch zu werten seien,
- ob unter Organismen neben Tieren und Pflanzen auch der Mensch zu zählen sei,
- ob zur Umwelt nur der abiotische Teil oder auch der biotische Teil zu zählen sei,
- ob und wie stark die Umwelt anthropozentrisch aufgefasst werden dürfe,
- ob und wie der menschliche Einfluss auf die Natur berücksichtigt werden sollte.

In dieser Studie wird verschiedentlich von 'ökologisch sinnvoll' oder 'umweltverträglich' gesprochen. Wir bezeichnen damit Handlungen (z.B. industrielle Produktionsprozesse), welche die (zur Zeit wissenschaftlich bekannten) Gesetze der Beziehungen zwischen dem Menschen und seiner Umwelt nicht nachhaltig gefährden. Damit basiert diese Untersuchung auf einem Ökologiebegriff, der anthropozentrisch ist und biotische und abiotische Teile der Umwelt gleichermassen berücksichtigt. Im weiteren bekennen wir uns klar zu einer westeuropäischen Sichtweise und Gewichtung. Wir sind uns bewusst, dass die westeuropäische Gesellschaft auf Umweltprobleme im Zusammenhang mit der industriellen Produktion sehr sensibilisiert ist und diese als prioritäre Probleme empfindet. Anders verhält es sich in vielen Entwicklungsländern. Verschiedene Autoren (z.B. v. Weizsäcker 1989: 200 ff) weisen darauf hin, dass die Perzeption von Umweltproblemen einzelner Gesellschaften genau umgekehrt proportional ist zu deren wirtschaftlichen Möglichkeiten. Problematisch wird dieser Umstand dann, wenn wir z.B. versuchen, unsere Sichtweise der Mensch-Umwelt-Beziehungen in die weniger entwickelten Länder zu transferieren, um dort Verhaltensvorschläge zu definieren. Bald fällt in einer solchen Situation der Vorwurf, es werde eine neue Art von Kolonialismus, ein sogenannter 'Ökokolonialismus' oder 'Umweltimperialismus' betrieben.

Wir beschränken uns daher bei unserer Analyse und unseren Handlungsvorschlägen auf eine Verbesserung der Umweltverträglichkeit von Wirtschaftssubjekten schweizerischen Ursprungs. Die Studie befasst sich, und damit betrachten wir das zweite Element des Titels, mit der Umweltrelevanz von Teilen der *schweizerischen* Aussenwirtschaft. Im besonderen beschränken wir uns auf *Industrieprojekte*, deren Geschick im Ausland von schweizerischem Kapital oder von Management-Know-how in entscheidendem Masse mitbestimmt wird. Dadurch sind diese untersuchten Firmen gezwungen, ihre betriebswirtschaftlichen Entscheide nach schweizerischen Wertvorstellungen zu fällen. Dies ist auch der Grund, warum wir uns legitimiert fühlen, die Umweltrelevanz der untersuchten wirtschaftlichen Aktivitäten mit einem schweizerischen Umweltbewusstsein zu diskutieren. Wir konzentrierten uns bei unserer Studie explizit auf multinationale Unternehmungen. Wir sind uns bewusst, dass diese Firmen beim industriellen Umweltschutz bereits einen hohen Stand erreicht haben. Ungeachtet der Tatsache, dass nach unserer Einschätzung bei den kleinen und mittelgrossen Betrieben ein weit grösserer Handlungsbedarf herrscht, sind wir aber überzeugt, dass über den Kanal der multinationalen Konzerne von der Schweiz aus ein grosser Beitrag zur Verbesserung der Umweltsituation geleistet werden kann. Innerhalb des Wirtschaftskreislaufes liegt das Hauptgewicht unserer Studie bei der Produktion von Gütern. Nur am Rande wird hingegen die Umweltrelevanz des Konsums dieser Produkte diskutiert. Insbesondere soll die ganze Diskussion um die sozio-ökologische Relevanz der Anwendung von Agrochemikalien oder der Vermarktung von Kindernahrungsmitteln in Entwicklungsländern ausgeklammert werden.

Bleibt als drittes Element des Titels noch der Ort der Untersuchung. Auch der Begriff der *Entwicklungsländer* bedarf einer gewissen Klärung. Wir verstehen darunter alle Staaten, die nicht Mitglied der OECD sind. Der Begriff ist in keiner Art und Weise wertend zu verstehen und kann auch kaum zwischen den ärmsten Staaten (least developed countries) oder Staaten mit einem bereits fortgeschrittenen Industrialisierungs- und damit Entwicklungsgrad (newly industrialised countries) differenzieren. Unsere Untersuchungen fanden naturgemäss in Staaten mit einem gewissen Industrialisierungsgrad statt. Die Resultate sollen aber für alle weniger entwickelten Länder gelten. In diesem Zusammenhang sei erwähnt, dass während unserer Untersuchung in den ehemaligen Staatshandelsländern ein gesellschafts- und wirtschaftspolitischer Umbruch stattfand. Ohne dass wir Untersuchungen in diesem Raum unternommen hätten, wagen wir zu behaupten, dass viele unserer Folgerungen auch für diese Länder gelten werden. Innerhalb der Entwicklungsländer konzentriert sich unsere Studie auf den industriell-urbanen Raum. Dort konnten wir genügend Fallbeispiele finden, um unsere Untersuchung räumlich konzentriert durchzuführen.

1.3   Vorgeschichte

Die kurze Darstellung der Vorgeschichte dieser Studie soll zeigen, wie sich einerseits die Ausrichtung des vorliegenden Forschungsprojekts und andererseits - und dies in besonderem Masse - auch das umweltpolitische Umfeld von der Idee bis zur Verwirklichung verändert haben. Während das Projekt zu Beginn von vielen Seiten sehr skeptisch beurteilt wurde, fand es sich gegen Ende in einer eigentlichen Welle gleichartiger Forschungsvorhaben, deren Koordination sich nicht immer als einfach erwies.

In den Jahren 1985 - 1987 entstand am GIUB unter der Leitung von Professor Bruno Messerli ein Grundlagen- und Strategiepapier zum Thema 'Umweltprobleme und Entwicklungszusammenarbeit' (später 'Umweltbericht DEH' genannt). In diesem Bericht wurde zu Handen der DEH die ökologische Dimension von Programmen und Projekten der Entwicklungszusammenarbeit in mehrheitlich ländlichen Gegenden gewürdigt. In der beratenden Kommission über Entwicklungszusammenarbeit und humanitäre Hilfe unter dem damaligen Präsidium von Frau Nationalrätin Blunschli wurde dieser Bericht mit viel Interesse aufgenommen, und im nachhinein stellte sich heraus, dass für die DEH ein überaus wertvolles Grundlagenpapier entstanden war. Von seiten des BAWI wurde einzig bedauert, dass Projekte in industriell-urbanen Gebieten in diesem Bericht kaum behandelt worden waren.

In einem Vortrag am GIUB, einige Monate später, betonte Botschafter Dieter Imboden abermals, dass im BAWI ein Bedürfnis an einigen grundsätzlichen Überlegungen zu den Umweltauswirkungen von industriellen Projekten in Entwicklungsländern bestünde. In dieser Zeit wurde die Umweltverträglichkeit von einigen staatlich unterstützten industriellen Projekten in der Öffentlichkeit und speziell durch Vertreter der Hilfswerke kritisiert. Der Entwicklungsdienst des BAWI sah sich daher veranlasst, eine grüne Konditionalisierung der verschiedenen entwicklungspolitischen Massnahmen (Mischkredite, ERG, IRG etc.) ins Auge zu fassen. Dies war aber insofern problematisch, als die zuständigen Sachbearbeiter damals kaum über genügende Grundlagen verfügten, um die Umweltverträglichkeit eines staatlich unterstützten Projektes in einem Entwicklungsland zu prüfen.

Motiviert durch dieses Problembewusstsein bei den zuständigen Stellen, wurde diese Aufgabe am GIUB aufgenommen. Im Gegensatz zur Ausarbeitung des 'Umweltberichtes DEH', als sich eine Arbeitsgruppe von Dozenten und Assistenten des GIUB auf eine breite Erfahrung aus verschiedenen Regieprojekten stützen konnte, waren hier zwei Punkte neu:

(1)   Es musste erst ein Erfahrungsschatz über industrielle Projekte in Entwicklungsländern aufgebaut werden.

(2)   Die Bearbeitung der Frage verlangte neben ökologischen auch breite ökonomische Überlegungen.

Aufgrund dieser Voraussetzungen konnte im Unterschied zum 'Umweltbericht DEH' die neue Fragestellung weder durch die gleiche Ad-hoc-Arbeitsgruppe noch in einem ähnlichen Zeitrahmen von wenigen Monaten bearbeitet werden. Es wurde vielmehr beschlossen, diese Aufgabe mit einem interdisziplinären Team und in Form einer Dissertation anzugehen. So bildete sich Ende 1987 eine interdisziplinäre Arbeitsgruppe mit Professor Bruno Messerli, Ordinarius am Geographischen Institut, Thomas Straubhaar, damals Privatdozent am Volkswirtschaftlichen Institut (heute Ordinarius an der Hochschule der Bundeswehr in Hamburg) und Markus Wyss als Sachbearbeiter.

Zum methodischen Vorgehen und zur Einengung der Fragestellung wurden Anfang 1988 zuerst Gespräche mit Vertretern des BAWI (Dr. H. Escher und dipl. ing. P.Kalas), des BUWAL (Dr. A. Mohr, Herr J.B. Dubois und Herr A. Liechti) und der DEH (Vizedirektor Dr. R. Högger, Dr. M. Flury, Dr. A. Bisaz) geführt. In dieser Zeit reifte die Überzeugung, dass eine Darstellung der Umweltprobleme im Zusammenhang mit schweizerischen Industriefirmen in den Entwicklungsländern nur an konkreten Fallbeispielen und in Zusammenarbeit mit Vertretern der schweizerischen Industrie erarbeitet werden könnte.

In diesem Sinne fanden im weiteren Verlaufe des Jahres erste Gespräche mit der Alusuisse-Lonza Holding AG (Dir. N. Öberg, Dr. P. Gilgen, und Herr Frankenfeld), der Ciba-Geigy AG (Prof. Dr. K. Leisinger und Herr Nicolier) der Sandoz Technologie AG (Dir. Butz, Dr. M. Trachsel, dipl. ing. K. Michel und Dr. V. Theus), der Nestlé S.A. (GD A. Mahler, Dir. K. Schnyder, Vize-Dir. S. Klaas) der Motor Columbus AG (Dr. Chr. Zimmermann) der Elektrowatt Ingenieure AG (PD. Dr. Gresch) und der Eternit AG (Prof. Dr. E. Brugger) statt.

Einige Besprechungen brachten bereits in diesem Stadium des Projektes eine grosse Bereitschaft der Privatindustrie an den Tag, unser Projekt in der einen oder anderen Form zu unterstützen. Im gesamten gesehen zeichneten sich diese Gespräche jedoch durch einige Skepsis gegenüber unserem Projektvorhaben aus.

Meist wurde bezweifelt, dass der betriebliche Umweltschutz in den Entwicklungsländern ein echtes Problem darstellen könnte. Im übrigen wurde überall betont, dass allenfalls entstehende Umweltprobleme isoliert durch die Firmen selbst gelöst werden müssten und könnten. Eine Zusammenarbeit in Verbindung mit den aussenpolitischen Stellen der Bundesverwaltung wurde in praktisch allen Fällen als nicht opportun angesehen.

Trotz diesen zum Teil ernüchternden Gesprächen liessen wir uns nicht von der ursprünglich gefassten Idee abbringen. Vor allem zwei Entwicklungen bestärkten uns in unserem Ansatz:

(1)   Einerseits häuften sich in der Presse die Vorwürfe, dass international tätige Unternehmungen (MNU) in Entwicklungsländern keine oder nur geringe Umweltschutzmassnahmen vorsähen.

(2) Andererseits brachten erste wissenschaftliche Publikationen aus dem angelsächsischen Gebiet klar zum Ausdruck, dass zur Lösung der komplexen Umweltprobleme die besten Resultate durch eine Zusammenarbeit der Industrie mit staatlichen und universitären Institutionen erreicht werden könnten. (Elkington, Burke 1989, Pearson et al. 1987).

Wir waren also überzeugt, dass sich die Ende der achtziger Jahre abzeichnende Polarisierung zwischen Öffentlichkeit und Industrie im Bereich des Umweltschutzes nivellieren wird, und hofften zudem, auch bei den von uns kontaktierten Firmen würde sich die Überzeugung durchsetzen, dass sie nur mittels einer offenen Zusammenarbeit mit ausserbetrieblichen Stellen eine objektive Diskussion in der Öffentlichkeit einerseits und eine effiziente Lösung der Umweltprobleme andererseits erreichen könnten.

Neben der Organisation von Fallbeispielen ging es in dieser Phase des Projektes auch um die finanzielle Absicherung. Um eine vollständige Unabhängigkeit von staatlichen oder industriellen Stellen zu garantieren, wurde absichtlich darauf verzichtet, bei der Bundesverwaltung oder bei Firmen um eine finanzielle Unterstützung nachzufragen. Eine erste provisorische Lösung konnte mit der neu geschaffenen 'Koordinationsstelle für Allgemeine Ökologie' gefunden werden. Der damalige Ordinarius und Leiter, Jost Krippendorf, unterstützte die Anfangsphase dieses Projektes in finanzieller und inhaltlicher Hinsicht. Zusätzlich entstanden beim Aufbau dieser neuen interdisziplinären Universitätsstelle einige positive Synergieeffekte für das Projekt. So konnte einerseits eine breite Basis in der umweltökonomischen Literatur geschaffen werden, und andererseits ergaben sich durch diese zusätzliche Tätigkeit viele wertvolle Kontakte. Bald aber stellte sich heraus, dass die zeitintensiven Aufgaben im Zusammenhang mit der Einführung der Allgemeinen Ökologie an der Universität eher eine Belastung als eine Bereicherung für das Projekt darstellten.

Glücklicherweise wurde in dieser Zeit durch den Nationalfonds zur Förderung der wissenschaftlichen Forschung ein neues Nationales Forschungsprogramm (NFP 28) ausgeschrieben. Gemäss dem Ausschreibungstext der Expertengruppe sollten verschiedene aussenpolitische Massnahmen untersucht werden, welche die Schweiz als Reaktion auf die grundlegenden Veränderungen im Ausland ergreifen könnte. Einem Gesuch um Aufnahme des vorliegenden Projektes in das NFP 28 wurde per 1.4.1990 entsprochen. Die Bewerbung verzögerte zwar die Arbeit etwas, da sich die Expertengruppe mit dem internen Gegensatz zwischen Entwicklungs- und Aussenwirtschaftspolitik auseinanderzusetzen hatte, die Aufnahme ins NFP 28 verhalf aber unserem Projekt zum eigentlichen Durchbruch. Dies aus folgenden Gründen:

(1) Es konnten Kontakte mit anderen Forschungsgruppen im Bereich der Entwicklungs- und der Aussenwirtschaftspolitik aufgebaut werden.

(2) Die Finanzierung einer Doktorandenstelle über 3 Jahre sowie einiger Auslandsreisen konnten gesichert werden.

(3)   Die ideelle Unterstützung des NFP brachte neue intensivere Kontakte. Viele Firmen-
      vertreter beurteilten eine Zusammenarbeit mit dem NFP 28 auch aus ihrer Sicht als
      fruchtbar.

Nach den bereits erwähnten Problemen der Kontaktnahme zu Beginn des Projektes änderte
sich die Zusammenarbeit Anfang der neunziger Jahre schlagartig. Vor allem auf dem internationalen Parkett befassten sich immer mehr Untersuchungen mit dem industriellen Umweltschutz. Dies hängt sicher auch zusammen mit der von der UNO für 1992 in Rio de Janeiro
geplanten internationalen Konferenz über Umwelt und Entwicklung. Nachdem es zu Beginn
darum ging, neue Türen zur Diskussion zu öffnen, musste nun von Seiten des Projektes versucht werden, innerhalb der grossen Welle der umweltpolitischen Diskussion eine eigene For-
schungsnische zu entdecken, um dort einige innovative Lösungen erarbeiten zu können. Symp-
tomatisch für diese neue Situation war, dass wir einige Tage vor der Niederschrift dieser
Zeilen erfahren konnten, dass an der Hochschule in St. Gallen im Auftrag des Bundesamtes
für Konjunkturfragen eine fast identische Studie wie die vorliegende gestartet wurde.

1.4   Problemstellung

Parallel zum Gesuchsverfahren beim NFP 28 konnten bis Ende 1989 12 Fallbeispiele mit den
wichtigsten Schweizer Firmen ausgewählt werden. Aufgrund der wissenschaftlichen Anforderungen der Expertengruppe einerseits und den praktischen Bedürfnissen der teilnehmenden
Firmen andererseits ergab sich in der Folge eine leichte Veränderung in der Fragestellung. In
der ursprünglichen Problemstellung (initiiert durch die Bundesverwaltung) sollte primär ein
Verfahren zur Früherkennung von potentiellen Umweltbelastungen aufgrund schweizerischer
Aktivitäten in Entwicklungsländern erarbeitet werden. Die Vertreter der Industrie wünschten
aber anstelle der Erarbeitung einer Kontrollmethode ihrer umweltrelevanten Tätigkeit eher
die Entwicklung von marktwirtschaftlichen Instrumenten zur Motivation von zusätzlichen
Umweltschutzmassnahmen. Mit diesem Ziel versprachen wir in unserem Gesuch der Expertengruppe des NFP 28 die folgenden Fragen zu bearbeiten:

(1)   Wieweit beeinflussen Unterschiede in der Umweltgesetzgebung zwischen den weniger
      entwickelten Staaten und der Schweiz die Standortwahl eines Unternehmens? Nutzen
      Schweizer Firmen die Standorte mit geringer staatlicher Aufsicht zu umweltbelastender
      Produktion?

(2)   Verfolgen schweizerische Firmen eine 'one standard'-Strategie bezüglich Umwelt-
      schutz? Produzieren Firmen also z.B. in Basel nach den gleichen ökologischen Grund-
      sätzen wie in Sao Paulo?

(3) Welche Mehrkosten entstehen, wenn eine Produktionsstätte in einem weniger entwickelten Land nicht mit den lokal üblichen Umweltstandards sondern mit den Umweltnormen, die in der Schweiz gelten, gebaut und betrieben wird?

(4) Führen betriebswirtschaftliche Effizienzeinbussen, bedingt durch eine Produktion nach Schweizer Umweltnormen, im internationalen Konkurrenzkampf zu Marktverzerrungen? Lassen sich diese allenfalls kompensieren?

Es sollten also jene Mehrkosten von schweizerischen Firmen geprüft werden, die entstehen, wenn eine Produktionsstätte in einem Entwicklungsland nicht mit den lokal üblichen Umweltstandards gebaut und betrieben wird, sondern wenn die Umweltnormen berücksichtigt werden, die auch in der Schweiz gelten.

Im weiteren wurde vorgesehen, zu prüfen, wie weit betriebswirtschaftliche Effizienzeinbussen, bedingt durch eine Produktion nach Schweizer Umweltnormen, im internationalen Konkurrenzkampf zu Marktverzerrungen führten und ob sich diese kompensieren liessen.

Es war geplant, zu untersuchen, ob durch diese Kompensation ökonomische Anreize für innovative Lösungen im industriellen Umweltschutz geschaffen würden und ob, soweit damit ein innovativer Vorsprung entstände, die Schweizer Unternehmen zusätzliche Anteile am ständig wachsenden Markt der Umweltberatung und des technischen Umweltschutzes gewinnen könnten.

Bereits von seiner Auslegung her war klar, dass das vorliegende Projekt nicht grundsätzlich neue Methoden in der Ökonomie oder Ökologie würde erarbeiten können. Viel mehr sollten ökonomisches Prozessverständnis und ökologische Wirkungsanalyse interdisziplinär aggregiert und damit eine ökologisch verträgliche wirtschaftliche Zusammenarbeit der Schweiz mit den Entwicklungsländern gefördert werden.

1.5 Vorgehensweise und Untersuchungsmethoden

1.5.1 Auswahl der Fallbeispiele

Wir vermuteten, dass das umweltrelevante Verhalten von Unternehmungen in Entwicklungsländern stark von den wirtschaftlichen, naturräumlichen und den gesellschaftspolitischen Randbedingungen beeinflusst wird. Folglich suchten wir zur besseren Vergleichbarkeit der einzelnen Fallbeispiele nach einer Standardisierung möglichst vieler Randbedingungen. Dies wurde erreicht, indem alle Fallbeispiele konzentriert in zwei bestimmten Regionen gesucht wurden.

Obschon wir anfäglich sehr stark auf die Vorschläge der einzelnen Firmen angewiesen waren, ergaben sich bald zwei klare Schwerpunkte. Dass diese nicht ganz zufällig sind, zeigt die folgende Überlegung: Viele Entwicklungsländer weisen einen noch sehr geringen Industrialisierungsgrad auf. Es wäre daher sehr schwierig, dort Fallbeispiele in genügender Dichte zu finden. Anders verhält es sich bei jenen Entwicklungsländern mit einem gewissen Industrialisierungsgrad, die oft auch Schwellenländer genannt werden. Dort finden wir Tochterfirmen von allen bedeutenden MNUs der Schweiz. Somit ergaben sich zwei Schwerpunktsregionen: Die Region Bombay für den asiatischen Raum und die Region Rio de Janeiro - Sao Paulo für den lateinamerikanischen Raum. Die beiden Gebiete gelten als die am dichtesten industrialisierten der entsprechenden Kontinente. Damit konnten Fallbeispiele identifiziert werden, die folgende Kriterien erfüllen:

(1) Breites Spektrum in bezug auf die Beteiligungsart der Schweizer Firmen. Die untersuchten Beziehungen reichen von hundertprozentigen Töchtern über Joint Ventures bis hin zu Beziehungen, die lediglich aus Management- und Lizenzverträgen, aber nicht aus eigentlichen Kapitalbeteiligungen bestehen.

(2) Breites Branchenspektrum. Die Wahl der Branchen fiel nach dem Studium potentieller Umweltwirkungen verschiedener Sektoren (BWZ 1987) auf Firmen der Chemie-, der Metallverarbeitungs-, der Baumaterial- und der Kraftwerksbranche.

(3) Unterschiedliches Alter der Produktionsanlagen. Auch in bezug auf das Alter wurde versucht, ein grosses Spektrum abzudecken. Die Zeitachse der untersuchten Fallbeispiele reicht von über 20 Jahre alten Projekten über moderne (Eröffnung 1990) bis hin zu einem Projekt, das erst 1993 voll operationell tätig sein wird.

(4) Genügende Anzahl vergleichbarer Konkurrenzfirmen. Um den Stand schweizerischer Umweltschutzmassnahmen im internationalen Vergleich zu sehen, wurden auch zwei entsprechende deutsche, eine indische und fünf brasilianische Firmen untersucht.

(5) Einfach identifizierbare Umweltprobleme. Die grosse Dichte der Produktionsanlagen führt zu unschwer feststellbaren Umweltbelastungen.

Folgende Firmen wurden ausgewählt:

Unternehmen	Land	Branchen
ABB	Indien, Indonesien	Maschinen
Alusuisse	Venezuela	Steine und Erden
Attisholz	Chile	Zellstoff
Chadler	Brasilien	Lebensmittel
Ciba-Geigy	Indien, Brasilien	Agro
F. Hoffmann-La Roche	Indien	Pharma
Holderbank	Indien, Brasilien	Steine und Erden
Laufen	Brasilien	Steine und Erden
Nestlé	Brasilien	Lebensmittel
Sandoz	Indien, Brasilien	Pharma, Chemie
Sulzer	Indien	Maschinen
BASF (Deutschland)	Brasilien	Pharma, Chemie
Bayer (Deutschland)	Indien	Pharma, Chemie
Khimline (Indien)	Indien	Maschinen
Aracruz (Brasilien)	Brasilien	Zellstoff
CADAM (Brasilien)	Brasilien	Steine und Erden
BAUXIT (Brasilien)	Brasilien	Steine und Erden
FACEL (Brasilien)	Brasilien	Zellstoff
PetroSix (Brasilien)	Brasilien	Fossile Brennstoffe

Darstellung 1-1: Firmen, die ein Fallbeispiel zur Verfügung stellten

1.5.2 Vorgehen

Die neue Woge von umweltpolitischen Fragestellungen färbte auch auf unsere Beziehungen zu den einzelnen Firmen ab. Wir waren sehr positiv überrascht von der Offenheit, welche die vielen Besprechungen mit den Vertretern der schweizerischen Konzerne nun prägte.

Vorgegangen wurde nun auf zwei zeitlich sich zum Teil überlappenden Ebenen:

(1) Analyse der Umweltschutzstrategien der Mutterhäuser in der Schweiz

(2) Analyse der Implementierung dieser Strategien in Tochterunternehmen, die sich in weniger entwickelten Ländern befinden

Bei der *Analyse von Dokumenten*, wie Geschäftsberichten, offiziellen Publikationen von Mitarbeitern zum Umweltschutz und Zeitungsausschnitten (siehe Literaturverzeichnis), entstand in den Jahren 1989 -1990 ein Bild der Rolle, welche das Mutterhaus und die ausländischen

Töchter dem Umweltschutz auf der strategischen Ebene zuerkennen. Dieses Bild wurde vervollständigt durch Gespräche mit den Umweltschutzbeauftragten der Konzernleitungen am Hauptsitz der Firmen.

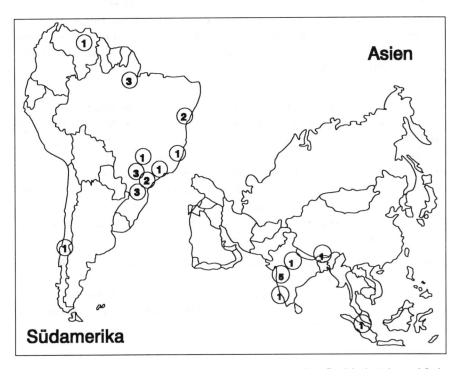

Darstellung 1-2:   Geographische Lage und Anzahl der untersuchten Betriebe in Asien und Südamerika

Im November und im Dezember 1990 fand der erste Feldaufenthalt in Indien statt. Mittels *standardisierter Interviews* (englischer Fragebogen siehe Messerli et al. 1991: Anhang) wurde die Implementierung der strategischen Ziele auf der operationellen Ebene überprüft. Als Interviewpartner dienten einerseits die Werksleiter und deren Umweltbeauftragte und andererseits Mitglieder der Unternehmensleitung. Zusätzlich fanden Treffen mit Vertretern von Umweltschutzbewegungen und der staatlichen Umweltschutzbehörde statt.

Im Juli bis September 1991 erfolgte ein zweiter Feldaufenthalt in Brasilien. Im Rahmen dieser Forschungsreise in mehreren Städten von Brasilien konnten ebenfalls zahlreiche Interviews geführt werden. Daneben fanden Gespräche mit den Umweltschutzbehörden auf der nationalen, der provinzialen und der kommunalen Ebene statt. Zum Abschluss konnte ein Gespräch mit Orjan Olsen, dem Leiter des angesehenen Meinungsforschungsinstituts 'Compania Brasileira de Pesquisa o Analise' geführt werden, der sich speziell mit der ökologischen Sensibilisierung von 'Decisionmakers' aus Politik und Wirtschaft befasst. Ziel war es auch hier, bestehende Anstrengungen im Bereich des Umweltschutzes kennenzulernen und mögliche Projekte zur weiteren Verbesserung der Umweltsituation in den industriell-urbanen Räumen von Brasilien zu identifizieren.

Beide Forschungsreisen waren geprägt durch wertvolle und offene Gespräche. An verschiedenen Orten wurden wir gar zu einem Interview an eine Firma weiterempfohlen, die ursprünglich nicht als Fallbeispiel geplant war. Erst die vielen neuen Informationen, die in der Schweiz nicht verfügbar waren, erlaubten ein objektives Bild über die Grenzen und Möglichkeiten des betrieblichen Umweltschutzes in einem Entwicklungsland. Mit den gewonnenen Erkenntnissen dieser beiden Forschungsreisen konnte u.a. vermieden werden:

(1) dass einerseits die Anforderungen an den betrieblichen Umweltschutz isoliert von allen Rahmenbedingungen in den Entwicklungsländern betrachtet wurden,

(2) dass aber andererseits auch eine mögliche Nutzung der zusätzlichen Möglichkeiten in den weniger entwickelten Ländern versäumt worden wäre.

Zum Teil konnte die in den Gesprächen gewonnene Erfahrung bereits bei neuen Kontakten weitergegeben werden. So konnte innerhalb dieses Projektes für die Firma CADAM im Staate Para (Brasilien) ein Massnahmenkatalog für den betrieblichen Umweltschutz ausgearbeitet werden, der sich sehr direkt auf die früher im Projekt gewonnenen Erkenntnisse stützte (Blättler und Wyss 1991).

2 UMWELTPROBLEME UND ENTWICKLUNGSLÄNDER

In den Industrienationen wurde die Notwendigkeit von Massnahmen zum betrieblichen Umweltschutz seit längerer Zeit erkannt. Hingegen wurde in unseren Interviews mit führenden Mitarbeitern von multinationalen Unternehmungen in der Schweiz oft die Meinung vertreten, dass die Umweltprobleme in den Entwicklungsländern weit weniger gravierend seien und dass daher auch der Grad der Umweltschutzmassnahmen an diese unterschiedliche Situation angepasst werden müsse. Ziel dieses Kapitels ist es deshalb, zu zeigen, dass nicht nur in den Industrieländern gravierende Umweltprobleme bestehen, sondern auch in den Entwicklungsländern. Insbesondere sollen Argumente zusammengestellt werden, welche folgende Prognose zulassen: Die Umweltprobleme in den weniger entwickelten Staaten drohen punktuell und räumlich konzentriert ein viel bedeutenderes Ausmass anzunehmen, als wir es uns von den Umweltproblemen in den Industriestaaten gewöhnt sind. Es geht demnach in diesem Kapitel um eine Einstimmung in das Thema und um eine Begründung der Relevanz unserer Fragestellungen.

Für die Beurteilung der Umweltbelastungen ist die unterschiedliche Perzeption der Umweltproblematik zentral. Während in den Ländern der industrialisierten Welt auch wichtige Entscheidungsträger immer mehr zur Überzeugung gelangen, dass die Umweltverschmutzung das Hauptproblem der Zukunft darstellt, wird die dramatische Verschärfung der Umweltproblematik in den Entwicklungsländern nicht angemessen wahrgenommen. Bei der Diskussion der Umweltprobleme in den Entwicklungsländern handelt es sich um eine kurze Zusammenstellung des Wissenstandes in der Literatur. Eigene Untersuchungen wurden keine unternommen.

2.1 Ökologische Megatrends: auch für die Entwicklungsländer ?

Die gegenwärtige Form der Umweltproblematik wird durch verschiedene Merkmale gekennzeichnet. Wir möchten anhand der grossen Trends die Perspektiven für die Entwicklungsländer abschätzen.

2.1.1 Globalisierung der Probleme

Parallel zu der Tendenz der Globalisierung der Wirtschaftsaktivitäten (vgl. Kap. 3.2.1) stellen wir fest, dass auch immer mehr Umweltprobleme globalen Charakter annehmen. Vorerst wurde geglaubt, Umweltbelastungen seien lokal oder regional begrenzt und durch eine massive Verdünnung der entstehenden Schadstoffe in Luft und Wasser zu kompensieren. Bald wurde aber erkannt, dass auch die grossen Reservoirs zunehmend mit Fremd- oder Schadstoffen aufgefüllt werden. Vor über 10 Jahren wurden sich viele Entwicklungsländer der Gewässerbelastung bewusst (Bandyopadhyay 1985; CIMA 1991); dabei handelte es sich um ein regionales Problem. Später wurde die Übernutzung der tropischen Wälder aktuell. Dieser Problemkreis betrifft bereits Gebiete, die über die Landesgrenzen hinaus reichen. Heute sprechen wir von Klimaveränderungen, von der Verschmutzung der Weltmeere oder vom Verlust der Artenvielfalt. Auch wenn die Gewichtung dieser Phänomene noch sehr unterschiedlich ist, gelten sie weltweit und betreffen Entwicklungsländer genauso wie Industrieländer. Kaum gelichermassen entwickelt haben sich die institutionellen Systeme. Trotz der Globalisierung der Wirtschaftbeziehungen oder der Umweltprobleme bleibt der institutionelle Rahmen auch in vielen Entwicklungsländern auf der nationalen Ebene individualisiert.

2.1.2 Zunehmende Komplexität der Probleme

Wenn wir die Eingriffe der Menschen in die natürlichen Wirkungsgefüge in verschiedenen Zeitepochen vergleichen, so können wir feststellen, dass der durch den Menschen beeinflusste Raum nicht linear zunimmt, sondern exponentiell. Die vorerst eher punktuellen Eingriffe der Menschen in die natürlichen Kreisläufe werden immer komplexer und entwickeln sich zu einem multidimensionalen Muster mit sehr verschiedenen Interaktionsebenen. Damit enstand aus dem ehemaligen natürlichen Ökosystem ein neues, noch viel komplexeres System, nämlich das industriell-urbane Ökosystem. Energie- und Stoffflüsse werden nun durch den Menschen, insbesondere wegen des rasanten Wirtschafts- und Bevölkerungswachstums, auf ein Vielfaches der natürlichen Rate angehoben. Zudem werden jährlich Hunderte neuer chemischer Substanzen erfunden und in die Kreisläufe der Natur eingebracht.

Einige typische Symptome des industriell-urbanen Ökosystems:

(1) ein rasch und nur unvollkommen zu bewältigender Stoffumsatz (gestörter Stoffhaushalt in den Bereichen Abwasser, Klärschlamm, Müll, Trümmerschutt)

(2) ein extremer Ausstoss belastender Luftschadstoffe (Gase, Schwermetalle, Staub)

(3) eine Absenkung der Grundwasserspiegel, verursacht durch raschen Wasserabfluss (infolge zunehmender Bodenversiegelung) sowie durch Übernutzung der Grundwasserressourcen

(4) ein Rückgang der Artenvielfalt der ursprünglich vorhandenen Fauna und Flora sowie eine Einwanderung von ehemals nicht ansässigen, substituierenden Arten

Verschiedene dieser Symptome werden auch in Entwicklungsländern immer häufiger beobachtet.

2.1.3 Nichtlinearität vieler Prozesse

Die Vernetzungen der Elemente in einem Ökosystem sind nicht linearer Natur. Kleine Veränderungen in bestimmten Systemelementen (zum Beispiel der Eintrag eines Fremdstoffes ins Wasser) oder nur in einem Teilsystem können sich demzufolge zu gewaltigen, systemzerstörenden Kollapserscheinungen (Bsp. Sauerstoffhaushalt in einem Binnensee) aufschaukeln. Dieses Phänomen zeigte sich ebenfalls im Zusammenhang mit Klima- und Wettermodellen und es wurde der Begriff des 'Schmetterlingseffekts' geprägt. Der Flügelschlag eines Schmetterlings auf den Azoren könnte gemäss den Computersimulationen einen Gewittersturm in Mitteleuropa bewirken. Dies ergibt eine neue Dimension. Auch Wirtschaftssubjekte in Industrieländern werden in zunehmendem Mass abhängig von den Umweltveränderungen in Entwicklungsländern und haben daher ein direktes Interesse, einen Anteil an eine Stabilisierung dieser Veränderungen beizutragen.

2.1.4 Irreversibilität gewisser Prozesse

Erfahrungen aus der Vergangenheit haben uns gezeigt, dass verschiedene Prozesse zu Situationen führten, die innerhalb von relevanten Zeitepochen irreversibel sind. Zu erwähnen sind:

- Ausrottung seltener Arten
- Eutrophierung einiger Binnengewässer
- Abholzungen im Karstgebirge Dalmatiens oder im Libanon.

Sind solche irreversible Prozesse abgelaufen, so lässt auch ein Aussetzen der antropogenen Ökosystembelastungen keine Regeneration nehr zu. In den genannten mediterranen Gebirgen z. B. erfolgte nach der Entwaldung ein intensiver Bodenabtrag, mit der Folge, dass heute keine Grundlage mehr für neuen Wald vorhanden ist. Im Bereich der industriellen Umweltbelastung müssen wir uns insbesondere fragen, ob die kontinuierliche Belastung der Böden nicht eine bleibende Reduktion der Bodenfruchtbarkeit zur Folge haben wird.

2.1.5 Verflechtung von Umwelt- und Entwicklungsproblemen

Immer deutlicher tritt zutage, dass sich die Umwelt- und die Entwicklungsprobleme in den weniger industrialisierten Staaten gegenseitig bedingen und auch verstärken. (WCED 1987: 37). Oft werden aus wirtschaftlicher Not nichterneuerbare Ressourcen abgebaut oder erneuerbare übernutzt. Im Extremfall bedeutet dies den Verzehr des Naturkapitals anstelle einer Nutzung seiner Zinsen.

2.2 Gründe für die Umweltbelastung

Wir haben nun einige Trends betrachtet, die uns aufzeigen, dass bedeutende negative Umweltveränderungen auch in den industriell-urbanen Gebieten in Entwicklungsländern auftreten können. Suchen wir nach Gründen, die in der Literatur für die weltweiten Umweltveränderungen verantwortlich gemacht werden, so können wir feststellen, dass einige Ursachen tatsächlich für eine zunehmende Belastung der Ökosysteme in Entwicklungsländern sprechen.

2.2.1 Bevölkerungswachstum und Armut

Aus westlicher Sicht ist es in erster Linie die Zahl der Menschen und ihre Lebens- und Wirtschaftsweise, welche via die drei Medien Luft, Wasser und Boden das globale Ökosystem in rasch zunehmendem Mass beeinflussen und damit bedrohen. Tatsache ist jedenfalls, dass heute schon grosse Teile der Erde durch die grosse Bevölkerungsdichte nachhaltig gestört sind. So sind z. B. in weiten Teilen der Trocken- und Halbtrockenzonen die ehemals vorhandenen Ökosysteme (Wald- und Graslandschaften) durch anthropogen bedingte Verwüstung zum Teil auf lange Zeit zerstört.

In den Entwicklungsländern wird der Hauptgrund für die Umweltbelastung hingegen in der global unterschiedlichen Verteilung des Sozialproduktes gesehen. Die traditionelle Armut in den Ländern des Südens wurde in den letzten Jahren durch die negativen Kapitaltransfers eher noch verstärkt (Nydegger 1991: 241). Die hohe Bevölkerungszahl muss also nicht nur eine Ursache, sondern kann auch eine Folge der Armut sein. In einem sozio-ökonomisch marginalisierten System, wie es eine arme Familie darstellt, gilt eine hohe Kinderzahl als einzige Sozialversicherung. Das heisst mit anderen Worten: eine mikro-ökonomisch sinnvolle Massnahme hat makro-ökonomisch verheerende Auswirkungen.

Ursachen und Wirkungen der ökologischen Probleme in den Entwicklungsländern sind oft schwierig auseinanderzuhalten. Messerli (1990) unterscheidet daher in seinem Vortrag im Rahmen des 'Collegium Generale' der Universität Bern zwischen Auslöser (Armut) und Motor (Bevölkerungswachstum, Devisenmangel) der Umweltdegradation in den Entwicklungsländern.

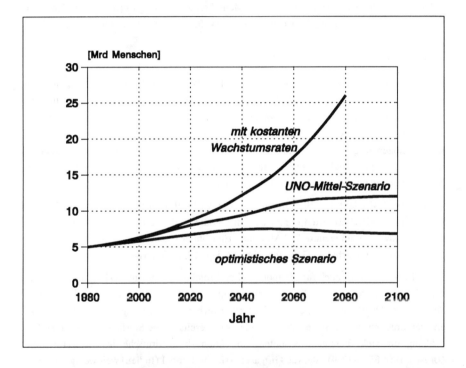

Darstellung 2-1:   *Drei mögliche Szenarien für ein globales Bevölkerungswachstum. 1: mit konstanten Wachstumsraten. 2: Mittlere Variante. 3: optimistische Variante (Arizpe et al. 1991: 23).*

Aus der Vielzahl von Szenarien für die Entwicklung der Weltbevölkerung, die anlässlich einer internationalen Forschungskonferenz im November 1991 in Wien diskutiert wurden (Arizpe 1991), zeigt die obenstehende Darstellung (2-1) drei solche mögliche Szenarien.

Für die nächsten 100 Jahre wird hier unterschieden zwischen der pessimistischen Annahme (1), dass die Wachstumsrate auf dem gegenwärtigen Wert konstant bleibt, oder der optimistischen Annahme (3), dass sowohl Geburten- wie auch Sterbeziffern weltweit markant zurückgehen. Die Kurve (2) soll ein mittleres Szenario der UNO wiedergeben.

Die Unsicherheiten sind gross. Eines ist aber sicher: Alle Szenarien zeigen, dass sich die Weltbevölkerung in den nächsten 30-40 Jahren - innerhalb einer Generation - um 50% vermehrt. Für unsere Fragestellung ist das insofern relevant, als wir davon ausgehen müssen, dass diese zusätzlichen 2,6 Mrd. Menschen zu einem grossen Teil in den industriell-urbanen Räumen der Entwicklungsländer Wohnung und Arbeit suchen werden.

2.2.2 Urbanisierung

Neben der grossen Zahl und dem exponentiellen Wachstum der Erdbevölkerung spielt auch die ungleiche Verteilung der Bevölkerung über den Raum eine zentrale Rolle. Die zunehmende Konzentration der Bevölkerung auf die städtischen Ballungsräume führt zu einer steigenden Belastung vieler Ökosysteme, die sich früher durch ein hohes Selbstregulationsvermögen ausgezeichnet hatten. Die neugeschaffenen industriell-urbanen Ökosysteme in den Entwicklungsländern werden damit zu den Hauptzellen anthropogener Umweltverschmutzung und wachsen in einem rasanten Tempo.

Dieser Trend wird laut dem Brundtlandbericht (WCED 1987) auch in Zukunft anhalten. So rechnen diese UNO-Experten damit, dass die Städte in den Entwicklungsländern bis zur Jahrtausendwende um weitere 750 Millionen Einwohner wachsen, dass also über 50% der Weltbevölkerung in urbanen Gebieten leben (Arizpe 1991: 7) werden.

Diese Entwicklung ist auch für die industriellen Projekte in den Entwicklungsländern relevant. Immer kleiner werden die Pufferräume, in denen Umweltbelastungen toleriert werden können. Durch die unmittelbare Nähe einer dichten Bevölkerung zu den Produktionsanlagen ergeben sich grössere Interdependenzen. Bereits kleine Störfälle können eine Bedrohung für viele Personen bedeuten. So hätten die Erdrutsche in Belo Horizonte (Brasilien) (AFP 1992: 9) oder die Giftgasemission in Bophal (Indien) weit weniger dramatische Folgen gehabt, wenn die Bevölkerung ihre Siedlungen nicht bis an das Werkgelände hätte bauen können.

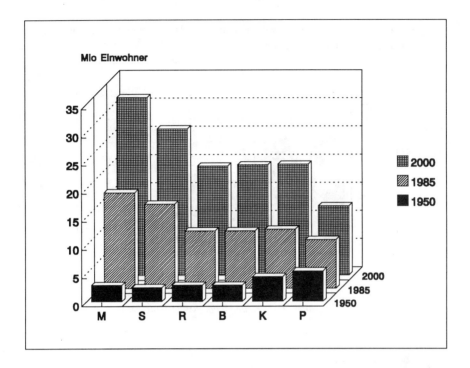

Darstellung 2-2:   Einwohnerentwicklung ausgewählter Grossstädte in Entwicklungsländern
                     im Vergleich mit Paris. Die Zahlen (WRI 1989) sind für die Jahre 1950,
                     1985 und 2000 (Prognose) dargestellt: M = Mexico City; S = Sao Paulo; R =
                     Rio de Janeiro; B = Bombay; K = Kalkutta; P = Paris

2.2.3   Devisenmangel

Als ein weiterer Motor der rasch zunehmenden Umweltdegradation wird die hochgradige
Verschuldung vieler Entwicklungsländer angesehen. Die Verschuldung ist einerseits haus-
gemacht (mangelhafte Wirtschaftspolitik, Finanzierung von langfristigen Projekten oder
Subvenbtionierung von Konsumgütern, Korruption, Fluchtgelder etc.), andererseits aber
auch durch exogene Gründe bestimmt (schwankende Terms of Trade, steigende Real-
zinsen). Der Exportdruck zur Devisenbeschaffung förderte auch ökologisch fragwürdige
Projekte. Viele Staaten sind gezwungen, ihre ganzen Handelsbilanzgewinne für den
Schuldendienst zu verwenden. Dadurch ist die Verschuldung ökologisch äusserst relevant,

zwingt sie doch viele Staaten im Zuge der Exportförderung, um jeden Preis einen vermehrten Raubbau an der Natur zu betreiben.

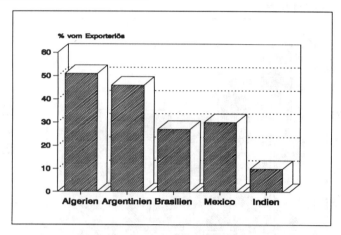

Darstellung 2-3: Verhältnis von Schuldendienst und Exporterlös ausgewählter Entwicklungsländer (WRI 1990: 246)

2.3   Zukunftsaussichten

Bedingt durch verbesserte Kommunikationsmöglichkeiten und die höhere Sensibilität vernehmen wir fast täglich Neuigkeiten über Umweltkatastrophen. Es stellt sich dabei die Frage, ob dies wirklich nur auf eine verbesserte Perzeption der Umweltproblematik zurückzuführen ist und ob die Häufigkeit des Auftretens der ökologischen Problemfälle noch innerhalb der Bandbreite natürlicher Schwankungen liegt oder ob die ökologischen Katastrophen in jüngster Zeit tatsächlich in signifikantem Masse zugenommen haben. Und damit verbunden stellt sich weiter die Frage, inwieweit die verschiedenen Umweltkatastrophen durch den Menschen verursacht oder aber Folgen von natürlichen Schwankungen sind.

Unbestritten scheint jedenfalls, dass in jüngster Zeit bei natürlichen Schwankungen (wie Dürre oder Überschwemmungen) die Extreme zugenommen haben. Je länger je mehr muss die These geglaubt werden, dass viele dieser Extreme von gesunden Ökosystemen - ohne anthropogene Belastung - gepuffert worden wären (Huntley, et. al. 1989); mit anderen Worten heisst das, dass natürliche und anthropogene Einwirkungen auf die Umwelt aufs engste verknüpft sind, und dass es bei einer gegebenen Umweltkatastrophe kaum möglich ist, die einzelnen Komponenten zu isolieren (Messerli 1986).

Es gibt verschiedene Gründe, warum wir erwarten, dass in Zukunft die Umweltprobleme weiter zunehmen werden. Diese Zunahme wird insbesondere in den Entwicklungsländern in einem unkontrollierbaren Mass geschehen. Sämtliche Variablen, die die Umweltbelastung beeinflussen, zeigen in den Entwicklungsländern eine steigende, z.T. sogar exponentiell steigende Tendenz.

(1)   Täglich müssen weltweit fast eine Viertelmillion Menschen mehr ernährt werden. In Entwicklungsländern hat dies bei stagnierender oder sogar abnehmender Produktionsfläche zu geschehen.

(2)   Viele Entwicklungsländer versuchen sich in rasantem Tempo in Richtung einer industriell-urbanen Gesellschaft zu entwickeln. Gerade dieser Weg entpuppt sich aber als besonders belastend für die Umwelt.

(3)   Vor allem die tropischen Länder befinden sich in Gebieten mit sehr komplexen Ökosystemen mit vielen natürlichen Limitationen in bezug auf die Naturgrundlagen. Die Menschen sind in solchen marginalen Räumen den Wechselfällen der Natur in weit vitalerem Mass ausgeliefert als die Bewohner der Industrieländer in den gemässigten Breiten.(Wilson 1989: 90).

(4)   Unter den Entscheidungsträgern der Entwicklungsländer rangieren die Umweltprobleme weit hinter den sozio-politischen. Diese Problematik ist deshalb brisant, weil die z.T. anthropogen bedingten negativen Veränderungen der Umweltsituation in Entwicklungsländern zusätzlich negative Rückkoppelungen auf das sozio-ökonomische System zur Folge haben.

(5)   Die Entwicklungsländer sind, bedingt durch ihre Wirtschaftsstruktur, gegenüber qualitativen und quantitativen Veränderungen der natürlichen Grundlagen viel verletzlicher als die Industrieländer, die einen beträchtlichen Anteil ihrer Wertschöpfung im von der Natur relativ unabhängigen Dienstleistungssektor erwirtschaften.

Dass es innerhalb der Entwicklungsländer unserer Meinung nach vor allem die urbanen Räume sind, die von einer zusätzlichen Degradation der natürlichen Ressourcen bedroht sind, wird durch Wöhlke (1987: 48f) mit folgenden Argumenten bestätigt:

(1)   In industriell-urbanen Räumen finden wir besonders differenzierte und damit verletzliche soziale Systeme.

(2)   Die Konzentration der Bevölkerung ist sehr hoch.

(3)   Ein einfaches Leben auf der Basis einer Selbstversorgung ist nicht möglich.

Eine Studie der UNEP und der WHO kommt zum Schluss, dass die Werte für CO_2, Pb, NO_x und Staub in den meisten Städten der Entwicklungsländer bereits Ende der achtziger

Jahre höher sind als in den Ländern der OECD. Die Studie meint zudem eine Verbesserung in den Industriestaaten zu erkennen, während in den Entwicklungsländern der Trend negativ verliefe (WMO/UNEP 1984). Einen weiteren Problembereich stellen die Böden in oder in der Nähe von Ballungszentren dar. Da viele eingetragene Fremdstoffe (Schwermetalle etc.) schlecht oder gar nicht abbaubar sind und im Boden akkumuliert werden, weisen viele Prognosen darauf hin, dass langfristig die grossen Probleme im Bereich des Bodens und der Bodenfruchtbarkeit noch anwachsen werden.

Angesichts der eher pessimistischen Aussichten bezüglich der ökologischen Situation in den industriell-urbanen Gebieten der Entwicklungsländer wollten wir untersuchen, ob bestehende umweltpolitische Instrumente bestehen, die geeignet wären, den industriellen Firmen Anreize für eine umweltverträgliche Produktion zu vermitteln.

2.4 Umweltpolitik

2.4.1 Einleitung

Dass eine effiziente Umweltpolitik eine notwendige, wenn auch nicht hinreichende Bedingung für eine nachhaltige Entwicklung in industriell-urbanen Gebieten ist, zeigt die Tatsache, dass übereinstimmend von praktisch allen befragten Firmen die umweltpolitischen Bedingungen der Staaten als Hauptauslöser für Umweltschutzmassnahmen genannt werden. Auch wenn heute die meisten Firmen die Überzeugung vertreten, dass die Suche nach neuen Massnahmen zur Reduktion der Umweltbelastung ein 'permanenter Unternehmensauftrag' sei (Trachsel 1989: 3), bleiben die staatlichen Umweltgesetze dennoch weiterhin Massstab der Dinge. Nach Meinung der von uns befragten schweizerischen und deutschen Tochterfirmen sollte eine effiziente Umweltpolitik fünf Eigenschaften aufweisen. Die Umweltpolitik sollte...

(1) ...streng sein. Im Vergleich zur lokalen Konkurrenz haben die schweizerischen Werke in bezug auf den betrieblichen Umweltschutz einen komparativen Vorteil. Durch die enge technologische Zusammenarbeit mit dem Mutterhaus können in der Regel auch strenge Umweltnormen erfüllt werden. Je strenger die Umweltpolitik, desto grösser sei auch der Anreiz, innovative Massnahmen zu entwickeln.

(2) ...konsequent sein. Durch einen konsequenten Vollzug der Umweltgesetze können Marktverzerrungen vermieden werden. Die erwähnten komparativen Vorteile können durch diese Firmen voll ausgenutzt werden. Es kann ein Markt für Umwelttechnologie entstehen. Damit wird der Anreiz für neue Innovationen weiter gesteigert, und

die Anstrengungen in den Tochterfirmen multinationaler Unternehmungen erhalten eine optimale Signalwirkung auf die lokale Konkurrenz.

(3) ...berechenbar sein. Damit Umweltschutzinvestitionen in eine langfristige Investitionsplanung einbezogen werden können, sollen zukünftige Tendenzen frühzeitig bekannt gemacht werden. Umweltschutzmassnahmen sind dann am effizientesten, wenn sie organisch in ein laufendes Investitionsprogramm integriert werden können.

(4) ...weltweit harmonisiert werden. Nur eine weltweite Angleichung der Umweltgesetzgebung kann eine ineffiziente Beeinflussung der internationalen Arbeitsteilung verringern.

(5) ...marktgerecht sein. In der Umweltpolitik sind jene Massnahmen zu befürworten, die den Kräften der freien Marktwirtschaft nicht widersprechen. Insbesondere dürfen umweltpolitische Massnahmen keinen strukturerhaltenden Charakter aufweisen.

2.4.2 Möglichkeiten der staatlichen Umweltpolitik

Dem Staat steht ein breites Spektrum an möglichen Instrumenten offen, um umweltrelevantes Handeln positiv zu beeinflussen. Die Darstellung 2-4 zeigt schematisch zwei mögliche Prinzipien der Umweltpolitik und deren entsprechende Instrumente.

Unbestritten ist in den meisten Staaten, dass der Schwerpunkt der staatlichen Umweltpolitik dem Grundsatz der Vorsorge folgen soll. Dennoch wird der Staat auch weiterhin Aufgaben der Reparation übernehmen müssen. Weit umstrittener war in Europa hingegen lange Zeit die Frage, ob das verfassungsmässige Ziel des Umweltschutzes mit ordnungpolitischen Mitteln (Geboten und Verboten) oder mit marktwirtschaftlichen Instrumenten (Steuern und Abgaben) erreicht werden solle. In den siebziger und achtziger Jahren erarbeiteten viele Staaten der industrialisierten Welt und so auch die Schweiz ein feinmaschiges Instrumentarium von ordnungspolitischen Massnahmen. Der Vorteil dieser direkten Massnahmen sieht Vallander (1991) in drei Punkten.

(1) Wirkungsgeschwindigkeit

(2) Plausibilität

(3) Rechtssicherheit

Ohne grosse Erklärungen (2) könnte innert kürzester Zeit (1) die Umwelt vor gefährlichen Einflüssen geschützt werden. Aufgrund der üblichen Übergangsbestimmungen bei der Einführung einer neuen Massnahme muss dieses Positivum allerdings etwas relativiert werden. Bei der Beurteilung der Rechtssicherheit (3) spielt die Kapazität der Kontrollorgane eine grosse Rolle. Können diese eine typische und nicht nur eine zufällige Kontrolle garantieren, so handelt es sich bei diesem Kriterium um einen echten Vorteil der ordnungspolitischen

Massnahmen. Im Hinblick auf unsere Fragestellung gilt es festzuhalten, dass wir sowohl in Brasilien als auch in Indien feststellen konnten, dass dieses Kriterium nicht erfüllt ist.

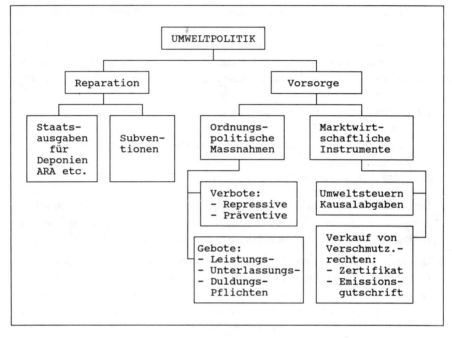

Darstellung 2-4:   *Mögliche Prinzipien der Umweltpolitik und deren entsprechende Instrumente (eigene ergänzte Darstellung nach Sander 1990: 22)*

Vor allem Mitte der achtziger Jahre wurde in der europäischen umweltpolitischen Diskussion verlangt, dass die ordnungspolitischen Instrumente durch marktwirtschaftliche ersetzt werden. (von Ungern-Sternberg, 1985). Marktwirtschaftliche Instrumente seien besser geeignet, auf die unterschiedlichen Kostenstrukturen der Wirtschaftssubjekte einzugehen. Der Einsatz von marktwirtschaftlichen Instrumenten soll bewirken, dass Firmen mit tiefen Grenzkosten für den Umweltschutz einen Anreiz erhalten, Emissionen über das gesetzlich vorgeschriebene Mass hinaus zu reduzieren. Anderen Firmen, die aus technischen oder aus betriebswirtschaftlichen Gründen nicht in der Lage sind, die Grenzwerte zu erfüllen, können in einem umweltpolitischen System mit marktwirtschaftlichen Instrumenten aufgrund ihrer Umweltbelastung den übrigen Wirtschaftssubjekten eine monetäre Abfindung gewähren.

Befürworter von marktwirtschaftlichen Instrumenten sehen darin einen Anreiz für viele Firmen, innovative Lösungen zum Umweltschutz zu suchen. Die übliche Politik mit Geboten und Verboten verleite die Unternehmungen zum Einsatz von sogenannten 'End of the pipe'-Technologien. Anders beim Einsatz von Abgaben und Steuern. Hier habe jede Firma ein Interesse, ihre Emissionen so weit wie möglich auch unter den offiziellen Grenzwert zu senken. Da in jedem Fall Geld gespart werden kann, bestehe sogar ein Anreiz zur Entwicklung von neuen sauberen Produktionsmethoden. Der Einsatz von Emissionszertifikaten oder von Umweltabgaben gelte im weiteren als marktkonformes Instrument und habe den Vorteil, dass Umweltsignale bis auf die oberste Entscheidungsebene der Unternehmen weitergeleitet werden.

Ende der achtziger Jahre hat sich diese Diskussion nun etwas verschoben. Die aktuelle Grenzwertpolitik mit Geboten und Verboten wird nicht mehr gegen eine auf marktwirtschaftlichen Instrumenten basierende Umweltpolitik ausgespielt, sondern es wird nun nach einer optimalen Kombination der verschiedenen Instrumente gesucht. Folgende Elemente könnte eine solche Kombination von marktwirtschaftlichen und ordnungspolitischen Instrumenten enthalten (Minsch, 1991, Frey, et al. 1991, O'Connor, Turnham, 1991):

(1) Sind Leben gefährdet oder drohen irreversible Schäden in einem Ökosystem, so werden **Verbote** als richtige Instrument vorgeschlagen.

(2) Soll den Industriefirmen ein individueller Spielraum zugestanden und zugleich ein Anreiz geschaffen werden, dass sie ihre Emissionen so weit als technisch möglich reduzieren, werden Umweltsteuern oder **Kausalabgaben** vorgeschlagen. Diese Abgaben sind dann am geeignetsten, wenn die einzelnen Firmen unterschiedliche Grenzkosten für Umweltschutzmassnahmen aufweisen. Jene Firma, die eine Umweltbelastung relativ kostengünstig reduzieren kann, wird einen Anreiz erhalten, dies in hohem Mass auch zu tun, um damit einen grossen Teil der Abgaben zu sparen. Jener Betrieb, der aus technischen Gründen gar keine oder nur eine minime Reduktion erreichen kann, wird eine hohe Abgabe zahlen müssen und damit weiter produzieren können. Auch kann der Staat unerwünschte Güter künstlich verteuern.

(3) Soll eine ökologische Obergrenze für ein gewisses Gebiet nicht überschritten werden, innerhalb der festgelegten Grenze aber eine Regulation der Umweltbelastungen durch den Markt erfolgen, sind **Emissionszertifikate** sinnvoll. Ein Staat kann dabei eine maximale, gesamthafte Emissionsmenge für einen Schadstoff festlegen. Die einzelnen Firmen müssen mit der Betriebsbewilligung einen Anteil am 'Emissionskuchen' kaufen.

(4) Nur ergänzend zu den übrigen Massnahmen wird der Einsatz von **Geboten** vorgeschlagen. Sie sollen zur Korrektur von Wirkungslücken der marktwirtschaftlichen

Instrumente dienen. In industriell-urbanen Gebieten kann die Gefahr einer zu hohen Immission aufgrund einer Konzentration von mehreren Punktemissionen auf engem Raum ('hot spots') mittels Auflagen oder Geboten vermieden werden. Im weiteren können Gebote der Durchsetzung von Mindestsicherheitsanforderungen dienen oder der Erreichung von planerischen Zielen.

Um zu untersuchen, inwieweit die Kombination von umweltpolitischen Instrumenten auch in Entwicklungsländern wirksam sein könnte, soll zuerst der 'State of the Art' der Umweltpolitik einiger ausgewählter Entwicklungsländer diskutiert werden.

2.4.3 Bestehende Umweltgesetzgebung in Entwicklungsländern

Zur Beurteilung des bestehenden umweltpolitischen Instrumentariums in den Entwicklungsländern wurden die Umweltgesetze von 20 Staaten gesammelt und ausgewertet. Das vorhandene Datenmaterial war sehr unterschiedlich. Während einige von uns in einem Serienbrief angefragte Botschaften den ganzen Gesetzestext inklusive aller Verordnungen sandten, stellten uns andere nur Teile oder Zusammenfassungen zur Verfügung. Leider verfügten aber auch die von uns angefragten UNO-Tochterorganisationen (UNEP und UNIDO) über keine vollständigen Sammlungen der verschiedenen Umweltgesetze.

In der Darstellung 2-5 sind die uns vorliegenden Gesetzestexte aufgelistet. Bei der qualitativen Durchsicht der verschiedenen Umweltschutzreglemente fällt auf, dass in den achtziger Jahren die meisten Staaten eine Form von Umweltschutznormierung publiziert haben. Einige Staaten behelfen sich mit einem ganzen Wirrwar von Dekreten (z.B. Uruguay und Marokko). Wir müssen davon ausgehen, dass die Mehrzahl der zwölf Staaten, die wir zwar angefragt haben, die uns aber keine Gesetze sandten, über kein umfassendes Umweltschutzgesetz verfügen. Der Anteil der Länder, deren Umweltpolitik nur auf einigen Dekreten basiert, wird eher grösser als 10 % sein.

Wie auch die Schweiz begannen die meisten Staaten mit dem Gewässerschutz. Darum wurde in einer Spalte, neben dem Jahrgang der Veröffentlichung dieser Gesetze, ein vielfach verwendeter Grenzwert für die Wasserqualität aufgeführt (BOD_5). Dieser Wert definiert den Sauerstoffbedarf zum Abbau der organischen Last in einer gewissen Wassermenge während 5 Tagen.

Land	Gesetz seit	BOD_5 mg/l O_2	Staub mg/Nm^3	Marktwirtschaftliche Instrumente
Pakistan	?	200		nein
Kolumbien	1973			nein
Brasilien	1972	10	120	nein
Chile	1989			nein
Jordanien	1980			nein
Philippinen	1983			nein
Elfenbeinküste	1988			nein
China	1984			nein
Papua Neu Guinea	1978			nein
Venezuela	1987			nein
Singapur	1975	x		ja
Malaysia	1974	50		nein
Mexico	1973			nein
Indien	1984		150	nein
Senegal	1983			nein
Saudi Arabien	1981	25		nein
Uruguay	1866			nein
Japan	1967	10		ja
Schweiz	1983	7	50	nein*

Darstellung 2-5:   *Liste der untersuchten Umweltschutzrichtlinien*
                   * in gewissen Kantonen bestehen Ansätze

Richtlinien im Bereich der Luftreinhaltung oder der Reststoffbeseitigung haben nur noch etwa die Hälfte der untersuchten Länder unternommen. Im weiteren fällt auf, dass jene Staaten, welche Normen zur Luftqualität festgelegt haben, meistens nur Immissionswerte definiert haben. Eine doppelte Grenzwertpolitik (d.h. eine Festlegung von Immissions- und Emissionswerten) ist nur in wenigen Staaten vorgesehen. Die Grenzwerte der untersuchten Gesetze sind in fast allen Fällen um ein mehrfaches larger als die der Schweiz (Ausnahme Brasilien). Über die zu erwartenden Konsequenzen bei Nichterfüllung der Gesetzesnormen kann keine Aussage gemacht werden. In den meisten Ländern sind die Strafen nicht explizit im Gesetzestext enthalten. Ausnahmen machen einzig die Elfenbeinküste und Papua Neu Guinea. Dort droht z. B. beim Import von industriellem Sondermüll eine sehr hohe Geld- oder Gefängnisstrafe (bis 20 Jahre). Beziehen sich die Reglemente explizit auf industrielle Anlagen, dann werden meist bereits bestehende Anlagen gesondert behandelt. Ein Zwang zu Sanierungsmassnahmen seitens der emittierenden Unternehmen konnte in keinem Gesetz gefunden werden. In den meisten Staaten bestehen im Bereich der industriellen

Produktion Verbote mit Erlaubnisvorbehalt. Potentiell umweltgefährdendes Produzieren ist verboten, wird aber erlaubt, wenn nachgewiesen werden kann (z.b. mit einer Umweltverträglichkeitsprüfung), 'dass die Voraussetzungen für eine mit den Zielsetzungen des geltenden Umweltrechts verträgliche Tätigkeit erfüllt sind' (Vallander 1991: 17).

Ansätze zu marktwirtschaftlichen Instrumenten konnten (unter Berücksichtigung der sprachlichen Schwierigkeiten) nur in Singapur und in Japan gefunden werden. (Japan wurde zusammen mit der Schweiz als Referenzland ganz am Schluss der Darstellung 2-5 aufgeführt) In Singapur wird bereits seit 1975 der städtische Verkehr erfolgreich mit einer spezifischen Abgabe belastet. Um in den Stosszeiten durch die Innenstadt fahren zu können, muss eine Lizenz gelöst werden. Ausgenommen von dieser Regelung werden PKWs mit mehr als vier Insassen. China begann in der Trockenzeit die Übernutzung von Trinkwasser mit einer gebundenen Abgabe zu reduzieren (O'Connor und Turnham 1991: 13f). Laut diesen Autoren fingen in jünster Zeit auch Sambia und Indonesien an, für Massnahmen des Naturschutzes marktwirtschaftliche Instrumente einzuführen. Diese beiden Länder haben uns jedoch keine Gesetze geschickt.

Nachdem die vorangehenden Ausführungen den Status quo der legiferierten Umweltpolitik in einigen ausgewählten Entwicklungsländern darlegen, sollen in der Folge die Möglichkeiten und Grenzen einer konkreten Umweltpolitik in den beiden Staaten, in denen sich die Mehrzahl unserer Fallbeispiele befinden, etwas näher diskutiert werden. Sowohl in Indien wie auch in Brasilien ist der Vollzug der Umweltpolitik auf drei Stufen verteilt: auf eine nationale, eine bundesstaatliche und eine kommunale Ebene. Während den beiden mehrwöchigen Forschungsaufenthalten in fünf Städten Brasiliens und in einer Stadt Indiens konnten mit 13 Vertretern aller drei administrativen Ebenen Interviews geführt werden.

2.4.4   Umweltpolitik in Indien

In Indien traten in den letzten 15 Jahren mit dem Water (Prevention and Control of Pollution) Act (1974), dem Air (Prevention and Control of Pollution) Act (1981) und dem Environment (Prevention and Control of Pollution) Act (1984) drei wichtige Umweltgesetze in Kraft. Auf der Basis dieser Gesetze hat die zentrale Umweltbehörde für besonders emissionsträchtige Industriebranchen Grenzwerte erlassen.

Der Vollzug dieser Gesetze wurde auf die bundesstaatliche Ebene delegiert. Hier fehlen aber vielerorts die entsprechenden Kenntnisse und finanziellen Mittel, und es dauert oft mehrere Jahre, bis die regionalen Behörden operationell tätig werden. In 5 Bundesstaaten gibt es laut amtlichem Jahresbericht (Ministry of Environment and Forestry 1989) des indischen Umweltministeriums bis heute noch keine Vollzugsbehörde.

Mit Frau Maneka Gandhi stand 1990 dem Umweltministerium auf bundesstaatlicher Ebene eine ökologisch sehr engagierte Frau vor. Sie hatte dieses Amt bereits einmal zu Beginn der Regierung Singh inne. Dem damaligen Regierungschef waren die Aktivitäten im Umweltministerium aber zu progressiv, so dass er kurzerhand das Umweltministerium dem Forstministerium unterstellte. Frau Gandhi wurde damit Ministerin ohne Einsitz im engeren Kabinett. Mitte 1990 schied sie freiwillig aus der damaligen Regierung Singh aus und schloss sich der Splitterbewegung um den nachmaligen Ministerpräsidenten Chandra Shekar an. Doch auch die umweltpolitische Haltung dieser späteren Regierung unter Shekar war etwas zwiespältig. Einerseits schien sie durch die Wiederberufung von Frau Gandhi den Willen zu demonstrieren, kompromisslose Umweltpolitik zu betreiben; andererseits bewies sie eine gewisse Halbherzigkeit, da die Vorsteherin des Umweltamtes wiederum als Ministerin zweiter Klasse eingestuft wurde.

Die hauptsächliche Strategie der Umweltpolitik ist eine Grenzwertpolitik. Unter dem Druck der drängenden Umweltprobleme wurden aber oft unrealistische Grenzwerte erlassen. Diese stellen die Vollzugsbehörden vor das grosse Problem, allzuviele Ausnahmeregelungen erteilen zu müssen.

Im Bereich der Wasserverschmutzung wurde ein marktwirtschaftliches Instrument eingeführt. Alle Wasserbezüger müssten, entsprechend ihrer Belastung des Brauchwassers, eine Abgabe entrichten. Da die Behörden aber nicht mit den finanziellen Möglichkeiten ausgestattet sind, diese Belastung zu messen, wird die Emission geschätzt. Die Gebühren sind so gering, dass diese Veranschlagung in den meisten Fällen akzeptiert wird.

Ein generelles Problemfeld stellt die Sanktionierung dar. Ein Sünder kann hoffen, dass die vorgesehenen, an sich sehr milden Strafen im überlasteten indischen Gerichtssystem gänzlich untergehen. Kommt es nach jahrelangen Verhandlungen dennoch zu einem Schuldspruch, kompensieren in der Regel die jahrelangen Einsparungen, die aufgrund des mangelnden Umweltschutzes erzielt werden können, die ausgesprochenen Bussen bei weitem.

Regina Dube (1988) und Brigitte Lyska (1991) befassten sich längere Zeit mit der indischen Umweltgesetzgebung. Sie sehen in der eindeutigen politischen Prioritätensetzung in Richtung einer kompromisslosen Industrialisierung und in der damit verbundenen mangelnden politischen Verankerung der Umweltpolitik den Hauptgrund für die fehlende Effizienz des indischen Umweltschutzes.

Viele konkrete Umweltschutzprojekte stehen noch in den Kinderschuhen und werden nur sehr schleppend verwirklicht. So gibt es für die 13 Mio. Einwohner zählende Stadt Bombay keine funktionierende kommunale Kläranlage. Ein Weltbankprojekt sieht seit langem zwei

Kläranlagen vor. Verschiedene Fehler in der Projektrealisierung führten aber zu grossen Verzögerungen. Trotz dieser schlechten Erfahrungen wird auch in Zukunft im Bereich des Umweltschutzes eine Zusammenarbeit mit der Weltbank von den Umweltbehörden gewünscht.

2.4.5 Umweltpolitik in Brasilien

In Brasilien haben die Medien eine sehr grosse Sensibilität für Umweltprobleme entwickelt. Einige Politiker haben sich dies zu Nutzen gemacht und versuchen, mit aktivem Umweltschutz an Popularität zu gewinnen. Mit dem Ziel, innert nützlicher Frist (Legislaturperiode) sichtbare Resultate im Bereich des Umweltschutzes zu erreichen, werden hohe Umweltgrenzwerte eingeführt und ihre Einhaltung in einer medienwirksamen Art und Weise exemplarisch in einigen Fallbeispielen durchgesetzt. Die Standards sind somit heute überall vergleichbar mit deutschen oder amerikanischen Grenzwerten. In Anbetracht der technischen Möglichkeiten der Umweltämter stellt sich die Frage, ob nicht weniger mehr wäre. Die Amtsstellen sind sich ihrer Überforderung durchaus bewusst und beschränken sich auf eine punktuelle Implementierung der Umweltgesetze. Einige ausländische Firmen behaupten, dass sich die punktuellen Kampagnen vor allem auf die bekannten multinationalen Unternehmungen beschränken, während in allen übrigen Firmen gar keine Kontrolle durchgeführt werde. Eine konsequente Durchsetzung von Umweltgrenzwerten auf einem tieferen Niveau wäre einer nachhaltigen Entwicklung mehr dienlich, als es bei der zur Zeit üblichen Praxis der Fall ist.

In bezug auf ihre Möglichkeiten herrscht zwischen den einzelnen staatlichen Umweltbehörden ein grosses Gefälle. Die Amtsstellen von Sao Paulo (CETESP) und jene von Rio (FEEMA) haben gegen 2000 Mitarbeiter, andere, wie zum Beispiel die Behörde von Bahia (CRA), einem Staat mit einer ebenfalls bedeutenden industriellen Produktion, müssen sich mit einem technischen Stab von ca. 20 Mitarbeitern begnügen. Ein Problem kennen alle Umweltämter gemeinsam: ihre mangelnde technische Ausrüstung. Selbst die CETESP, der eigentliche Star der Umweltämter von ganz Südamerika, wenn nicht in allen Entwicklungsländern schlechthin, hat keine Laboreinrichtungen, um im Bereich der Luftreinhaltung alle publizierten Grenzwerte zu überprüfen.

2.4.6 Effiziente Umweltpolitik für Entwicklungsländer

Für die industrialisierten Staaten bestehen bereits sehr konkrete Vorschläge dafür, welche Elemente ein umweltpolitischer Mix von verschiedenen ordnungspolitischen und marktwirtschaftlichen Instrumenten enthalten könnte (Kapitel 2.4.2). Aufgrund unserer Untersuchungen in Brasilien und Indien müssen wir in bezug auf die Machbarkeit einer effizienten Umweltpolitik innerhalb der gegebenen Rahmenbedingungen in einem Entwicklungsland aber folgern, dass neue Kombinationen der verschiedenen umweltpolitischen Instrumente entwickelt werden müssen. Verschiedene Studien (Pearson, 1987; Pearce et al. 1991; O'Connor, Turnham 1991). bestätigen dieses Ergebnis weitgehend. Zentral ist hier die Erkenntnis, dass:

(1) die Umweltpolitik aus sozio-ökonomischen Gründen in den Entwicklungsländern an sich sehr schwach ist, dass aber zusätzlich

(2) die übrigen umweltrelevanten Massnahmen in den Entwicklungsländern oft einer effizient ausgerichteten Umweltpolitik diametral zuwider laufen.

Folgende sozioökonomische Gründe erschweren eine effiziente Umweltpolitik in den Entwicklungsländern:

- *Armut/ mangelnde Perzeption der Umweltprobleme:*

Meinungsumfragen in Industrieländern zeigen immer ein ähnliches Bild. Die Umweltprobleme gehören zu den 2-3 wichtigsten Herausforderungen unserer Gesellschaft. Ganz anders ist die Situation in den Entwicklungsländern. Die ausgeprägte Armut grösster Bevölkerungsgruppen lässt alle anderen Probleme in den Hintergrund treten. Diese gesellschaftspolitische Tatsache hat auch ihre Folgen für die Realpolitik. Fragen der Devisen- und Arbeitsbeschaffung wird grösseres Gewicht beigemessen als Fragen des Umweltschutzes.

- *mangelnde Akzeptanz von Massnahmen:*

Aufgrund der grossen kulturellen Differenzen innerhalb der Staaten ergeben sich auch auf diesem tiefen Niveau noch grosse Unterschiede in bezug auf die Perzeption der Umweltprobleme, und damit entsteht vielfach eine unterschiedliche Akzeptanz für umweltpolitische Massnahmen.

- *mangelnde Umweltdatenbanken:*

Ohne genaues Datenmaterial sind Massnahmen der Umweltpolitik äusserst schwierig zu erarbeiten. Insbesondere das Fehlen von langen Zeitreihen ökologischer Kenndaten erschwert es, die Entwicklungen der Umwelt zu interpretieren oder Vergleiche mit anderen Staaten anzustellen.

- *Administration ohne Ressourcen:*

Die Vollzugsbehörde von Umweltgesetzen wird meist personell, finanziell und technologisch zu knapp alimentiert. Besonders schwer wiegt dabei die mangelnde politische Unterstützung der Umweltämter.

- kein Markt:

Für viele Güter entsteht kein Binnenmarkt. Entweder werden diese Güter für die Selbstversorgung oder aber für den Weltmarkt (cash crops) produziert. Weil dabei keine Marktpreise entstehen oder aber diese von den einzelnen Staaten kaum beeinflusst werden können, sind marktwirtschaftliche Instrumente zur Verteuerung von schädlichen Produktionsmethoden häufig nutzlos. Eine umweltpolitisch motivierte Verteuerung eines schädlichen Hilfs- oder Betriebsstoffes zum Beispiel kann nicht wirken, wenn der Marktpreis auf einem internationalen Markt festgelegt wird.

- mangelnde Substituierbarkeit der Güter:

Eine künstliche Verteuerung der relativen Preise ist nur dann sinnvoll, wenn der Käufer aufgrund einer Preiserhöhung eines umweltbelastenden Produkts einem weniger schädlichen Produkt den Vorzug geben kann. Werden aber nicht verschiedene alternative Güter angeboten, so kann eine ökologisch motivierte Preiserhöhung keinen Lenkungserfolg haben. Die marktwirtschaftlichen Instrumente sind dann nicht nur ineffizient, sondern zusätzlich sozial degressiv und benachteiligen vor allem die ärmeren Bevölkerungsschichten.

- informeller Sektor:

Als informeller Sektor wird jener Teil der Volkswirtschaft bezeichnet, der unter einem illegalen Status etwas Legales produziert. Aufgrund der grossen bürokratischen Schranken entschliessen sich viele Kleinbetriebe in Entwicklungsländern, ohne Eintrag in den einschlägigen Registern (Handelsregister, Steuerregister) Produkte oder Dienstleistungen anzubieten (Soto 1992). Fiskalpolitische Massnahmen können dabei diese Kleinunternehmen kaum erreichen. Einen Lenkungserfolg kann der Staat einzig erreichen durch eine Belastung von strategischen Gütern, die von den staatlichen Organen angeboten werden (Weizsäcker 1989: 173).

Wir haben gesehen, dass in der Literatur verschiedene Konzepte für einen idealen Mix der verschiedenen umweltpolitischen Instrumente dargestellt werden. Diese Konzepte scheinen im Umfeld eines Industriestaates durchaus sinnvoll, scheiterten dort aber bisher an der politischen Durchsetzbarkeit. Ihre Eignung im spezifischen Umfeld eines weniger entwickelten Staates muss aber in weiteren Forschungsarbeiten noch genauer überprüft werden.

Zusammenfassend muss uns der Stand des Wissens zum Schluss führen, dass die Umweltprobleme vor allem in den Entwicklungsländern und insbesondere in den dortigen industriell-urbanen Räumen verstärkt zunehmen werden. Für unsere Fragestellung müssen wir daraus folgern, dass die Art und Weise der industriellen Produktion von schweizerischen Unternehmungen in Entwicklungsländern - entgegen den von vielen Interviewpartnern in der Schweiz geäusserten Meinungen - grosse sowohl positive als auch negative Auswirkungen auf eine nachhaltige Entwicklung in den urban-industriellen Gebieten des Südens haben kann.

3 DIE ROLLE DER SCHWEIZERISCHEN MULTI-NATIONALEN UNTERNEHMUNGEN IM PROZESS DER NACHHALTIGEN ENTWICKLUNG

3.1 Einleitung

'Kommt, produziert bei uns, denn hier könnt ihr noch viel verschmutzen!' So der Titel einer ganzseitigen Anzeige im Deutschen Magazin 'Der Spiegel' zu Beginn der siebziger Jahre. Welch Sirenengesang für die Ohren westeuropäischer Unternehmer! Ihnen, die vom rasch wachsenden Umweltbewusstsein in den Industrieländern in steigendem Masse gezwungen wurden, Sorge zur Umwelt zu tragen, bot sich hier Gelegenheit, das Rad der Geschichte zurückzudrehen: Wie im Wachstumseuropa der Nachkriegsjahre wurde da noch einmal möglich gemacht, Umwelt zum Nullpreis nutzen und verschmutzen zu können. Und damit liessen sich einzelbetriebliche Produktionskosten einsparen, die in Westeuropa nicht mehr länger auf die Allgemeinheit abgewälzt werden konnten.

Veranlasst wurde das 'Spiegel'-Inserat von einer lateinamerikanischen Regierung, die damit bewies, dass sie ökonomisches Lehrbuchwissen nicht nur bestens verstanden hatte, sondern auch in der Lage war, es anzuwenden. Denn eines der gesicherten wissenschaftlichen Ergebnisse lautet, dass wirtschaftlichen Erfolg nur derjenige hat, der über komparative Kostenvorteile gegenüber der Konkurrenz verfügt. Analog den vielen asiatischen Schwellenländern, die ihre Arbeitskräfte mit einem tiefen Lohnniveau und geringen Sozialleistungen anboten (Lohndumping), lockten viele lateinamerikanische Länder mit billigen natürlichen Ressourcen (Ökodumping) europäische und amerikanische Firmen an.

In diesem Kapitel untersuchen wir nun einige umweltrelevante Aspekte konkreter Industrieprojekte in Entwicklungsländern. Wir wollen daher zuerst prüfen, ob schweizerische MNUs diese angetönte billige Möglichkeit der Verschmutzung von Umweltgütern wirklich ausnutzen. Mit einigen Überlegungen aus der Theorie und mit einer Analyse von empirischen Indizien werden wir diese Fragestellung kurz streifen.

3.2 Ökologisch bedingte Arbitrage

3.2.1 Internationalisierung der Märkte

Technologische Fortschritte im Kommunikations- und Transportbereich lassen die Welt zu einer integrierten Wirtschaft werden. Für viele unternehmerische Tätigkeiten gibt es heute nur noch *einen* Weltmarkt. Internationale Arbeitsteilung heisst dann weltweite Arbeitsteilung mit der Chance, im Rahmen einer globalen Marketingstrategie am billigsten Standort zu produzieren und auf dem einträglichsten Markt zu verkaufen.

Unternehmen reagieren auf die Globalisierung der Märkte mit einer zunehmenden Internationalisierung ihrer Informations-, Finanz-, Investitions-, Produktions- und Absatzaktivitäten. Mit dieser Internationalisierungsstrategie streben sie eine effiziente Kombination von firmen-, transaktions- und länderspezifischen Faktoren an. Die Standortwahl eines Industriebetriebes wird von einer Vielzahl physischer, ökonomischer, sozialer, politischer und kultureller Bedingungen beeinflusst. Im Sinne der Gewinnmaximierung versucht eine Unternehmung, ihre Produktionskosten zu minimieren. Da einige dieser Kosten standortabhängig sind, kommt der Standortwahl im Rahmen der Internationalisierung der Faktor- und Absatzmärkte eine wichtige Rolle zu. Im Zusammenhang mit zunehmenden nichttarifären Handelshemmnissen sind aber neben reinen Abschätzungen der Produktionskosten auch Fragen des freien Zutritts zu neuen Absatzmärkten für die Wahl eines Produktionsstandortes zentral.

3.2.2 Selective Factor Disadvantage und Öko-Dumping

Michael Porter (1990: 80ff) vergleicht in diesem Zusammenhang verschiedene Industriestandorte bezüglich der Ausstattung mit Produktionsfaktoren. Die Verfügbarkeit der Produktionsfaktoren (und damit die Kosten für deren Beschaffung) beeinflussen seiner Meinung nach massgebend die Effizienz ihrer Nutzung. Sind Produktionsfaktoren an einem Standort relativ knapp, werden die Produktionsbetriebe motiviert, mittels Innovationen die Effizienz der Faktorverwendung zu erhöhen. Diese Regel kann sich der Staat zunutze machen. Zur Verhinderung unerwünschter Ineffizienz oder zur Förderung von Innovationen kann er ausgewählte Produktionsfaktoren künstlich beschränken. Staatliche Massnahmen dieser ausgewählten Benachteiligung gewisser Produktionsfaktoren sind dann angebracht, wenn sie eine Entwicklung vorwegnehmen, die ohnehin früher oder später erwartet werden muss; dann nämlich erweisen sich kurzfristige statische Nachteile längerfristig als komparative Vorteile (Borner et al. 1990: 109). Ein Betrieb kann auf die Benachteiligung eines Produktionsfaktors (selective factor disadvantage) auf zwei Arten reagieren: Er kann den Standort wechseln oder aber mittels einer Entwicklung von neuen Produktionsmethoden seine Faktoreffizienz erhöhen und damit die Kosten senken.

Für unsere Betrachtungen ist die Umwelt als Produktionsfaktor interessant. Sie hat in der Industrieökonomie verschiedene Funktionen:

(1) Sie stellt dem Produktionsprozess erneuerbare und nichterneuerbare Ressourcen zur Verfügung (Inputfunktion).

(2) Sie übernimmt aus demselben Produktionsprozess die Abfälle und Emissionen (Outputfunktion) und bereitet diese zum Teil wieder auf (Regenerationsfunktion).

Aus historischen Gründen sind die mikroökonomischen Kosten zur Nutzung von Boden, Wasser und Luft niedriger als die gesamtwirtschaftlichen Kosten, die durch die Belastung dieser Faktoren entstehen. Üblicherweise wird versucht, durch umweltpolitische Massnahmen die externen Kosten der Umweltnutzung zu internalisieren. Wichtig für unsere Untersuchung ist der Einbezug solcher umweltpolitischer Massnahmen in die Standortwahl eines Unternehmens. Staatliche Rahmenbedingungen - zu den Rahmenbedingungen sind auch alle staatlichen Lenkungsmassnahmen (Vorschriften, Emissionsabgaben etc.) im Bereich des Umweltschutzes zu zählen - können die Produktionskosten entscheidend beeinflussen. Strenge Umweltpolitik oder grösseres Umweltbewusstsein der Bevölkerung hat für eine industrielle Unternehmung hauptsächlich in drei Bereichen Folgen:

(1) Steigerung der Investitions- und Betriebskosten

(2) Verzögerung und Erschwerung von Bewilligungen für neue Produktionsstandorte

(3) Verzicht auf gewisse Rohstoffe, Produktionsmethoden oder Produkte

Interessant ist nun die aussenwirtschaftliche Relevanz umweltpolitischer Massnahmen. Werden diese multilateral ausgehandelt und in allen Staaten eingeführt, dann sind sie aussenwirtschaftlich neutral. Werden aber isoliert von einem Staat Umweltregulierungen (explizit oder implizit) so festlegt, dass die Grenzkosten der Umweltbelastung im Gegensatz zu anderen Staaten nicht voll internalisiert werden müssen, so wird von Öko-Dumping gesprochen. Pearson (1987) fragt in diesem Zusammenhang, ob in gewissen Entwicklungsländern sogenannte 'Verschmutzungs-Häfen' für emissionsintensive Industrien entstünden. Modelle der theoretischen Untersuchungen (z.B. von Rauscher 1992) zeigen hingegen, dass mit Öko-Dumping längerfristig kaum eine effiziente Förderung der Industrie erreicht werden kann.

3.2.3 Arbitrage

Soweit institutionelle Voraussetzungen national unterschiedlich ausfallen, kann potentiell ein Anreiz entstehen, Standorte mit 'günstigen' solchen mit 'weniger günstigen'

Bedingungen vorzuziehen. Eine besondere Form dieser Standortwahl ist die ökologisch bedingte Standortarbitrage. Der Begriff 'Arbitrage' wurde ursprünglich vor allem für ein übliches Verhalten der Ausnutzung von Marktunvollkommenheiten auf den internationalen Finanzmärkten verwendet. Arbitraging betreibt ein Investor, der unter 'Ausnutzung von Kursdifferenzen für identische Werte auf verschiedenen Märkten' (SBV 1991: 119) Titel am Teilmarkt mit niedrigeren Preisen kauft und am Markt mit höheren Preisen sogleich wieder verkauft. Diese Zielsetzung des Profitierens von interlokativen Kosten- oder Preisunterschieden wurde später auch auf die Standortwahl von Industriebetrieben übertragen (Siebert 1989: 189).

Eine besondere Form dieser Standort-Arbitrage ist die 'ökologisch bedingte Arbitrage'. Der Produktionsfaktor Umwelt als Lieferant von Rohstoffen und als Empfänger von Abfällen wird dort genutzt, wo er am billigsten ist. Am billigsten ist er meist in jenen Ländern, die keine Umweltschutzgesetzgebung kennen oder deren Vollzug ungenügend ist. In einigen empirischen Untersuchungen wird gezeigt, dass vor allem japanische und amerikanische Unternehmen aufgrund der immer strenger werdenden Umweltgesetze in den Industrieländern ihre besonders umweltbelastenden Produktionsbereiche in Entwicklungsländer verlagern müssen. Die Tatsache, dass in den letzten zehn Jahren eine solche Zahl von empirischen Studien zu diesem Thema unternommen worden ist, zeigt, dass die Hypothese zur Standortarbitrage einer MNU zumindest nicht ganz aus der Luft gegriffen ist. Anandalingam und Westfall (1987), Andersson (1991), Castelmann (1979), Jaafar (1989), Leonard (1985), Mayo (1989), Rogerson (1990), Staffort (1985), Tobey (1990) und UNCTC (1985) sind nur einige der über 20 uns bekannten empirischen Untersuchungen, die zum Thema 'ökologisch bedingte Arbitrage' publiziert wurden.

Wir können uns nun fragen, ob die selektive Begrenzung von Umweltfaktoren durch die schweizerische Umweltpolitik auch bei schweizerischen multinationalen Firmen zu Standortverlagerungen für Produktionsprozesse mit hoher Umweltintensität führt, oder ob nicht vielmehr diese Firmen zu Innovationen im Bereich der Umwelttechnologie und damit zu einer effizienteren Nutzung der knappen Umweltgüter angespornt werden.

3.2.4 Das Heckscher-Ohlin Modell, ein Exkurs in die reale Aussenwirtschaftstheorie

Zur theoretischen Erklärung des Phänomens 'Standortarbitrage' begnügen wir uns mit einem Modell von zwei Ländern. Die beiden Staaten haben eine unterschiedliche Ausstattung der Produktionsfaktoren. Der eine Staat, ein Entwicklungsland, stellt den Faktor Umwelt im Vergleich sehr billig zur Verfügung, der andere Staat, z.B. die Schweiz, bietet im Gegenzug den Faktor Kapital günstig an.

Um Aussagen über das Entstehen von Handel zwischen zwei Staaten mit unterschiedlicher Faktoraustattung zu machen, entwickelten die beiden Wirtschaftswissenschafter Heckscher und Ohlin das nach ihnen benannte Theorem (Heller 1975: 77). Nehmen wir nun, wie in unserem Beispiel, an, dass die unterschiedlichen Faktorpreise von Umwelt und Kapital bestehen bleiben, so können Helpman und Krugman (1985: 223ff) zeigen, dass wegen der Möglichkeit von Intra-Firmenhandel bei MNUs ein Anreiz entsteht, die Produktionsprozesse in verschiedene Länder zu dezentralisieren.

Für unsere Fragestellung heisst dies, dass für eine MNU, ceteris paribus, durch unterschiedliche Umweltschutzbestimmungen und damit unterschiedliche Preise für den Produktionsfaktor Umwelt ein Anreiz entstehen kann, besonders umweltintensive Produktionsprozesse in Entwicklungsländer auszulagern.

Nachdem eine Evidenz für das Entstehen von Standortarbitrage bei MNUs theoretisch gezeigt werden kann, soll nun anhand verschiedener empirischer Untersuchungen diese Hypothese überprüft werden.

3.2.5 Wie kann Standortarbitrage empirisch gemessen werden?

Die Frage, ob ökologisch bedingte Standortarbitrage auch durch schweizerische Unternehmungen erfolgt, wurde auf drei Arten angegangen.

(1) In allen Interviews in Indien und in Brasilien wurden die Firmen nach dem Grund für die Wahl ihres Standortes gefragt.

(2) In einer Diplomarbeit am Volkswirtschaftlichen Institut der Universität Bern wurden im Rahmen des vorliegenden Projekts zusätzlich verschiedene Indizien geprüft, die für oder gegen ein Standortarbitrage von Schweizer Firmen sprechen könnten (Graf 1991).

(3) Ebenfalls in dieser Diplomarbeit wurden bereits bekannte empirischen Studien zu diesem Problemkreis aufgearbeitet und auf ihre Übertragbarkeit auf schweizerische Verhältnisse hin untersucht.

3.2.6 Befragung der Töchter schweizerischer Industrieunternehmen

21 Tochterfirmen von zehn grossen Schweizer Industriefirmen wurden in Brasilien oder Indien besucht (Vergleiche Darstellung 1-1) und nach dem Grund für die Wahl ihres Produktionsstandortes gefragt.

In der folgenden Darstellung (3-1) sind die am häufigsten genannten Motivationen aufgeführt. Wir berücksichtigen bei unserer Befragung nur Firmen, deren Hauptsitz ausserhalb von Brasilien oder Indien liegt. Es handelt sich um 19 schweizerische Betriebe, zwei deutsche und drei amerikanische Werke (gesamthaft 24). Drei amerikanische darum, weil die Betriebe im 'Jari-Projeto' zur Zeit der Anfangsinvestition und damit der Standortwahl zu 100% in amerikanischen Händen waren. Weiter war die Firma Chadler zur Zeit des Investitionsentscheides noch rein brasilianisch und wird daher für diese Darstellung nicht als Betrieb mit schweizerischem Einfluss gezählt.

In beiden Fällen sind die Werte absolut und im Verhältnis zur Grundgesamtheit dargestellt.

Gründe für Produktionsstandort	Anzahl			
	gesamt abs.	%	CH-er Firmen abs.	%
Rohstoffe	10	42	7	37
Handelsschranken des Gastlandes	4	16	3	15
Nähe zu Absatzmarkt	19	80	15	79
Geringere Produktionskosten	5	21	5	26
Exportmöglichkeiten	12	50	9	47

Darstellung 3-1:   Gründe für die Wahl eines Produktionsstandortes (Mehrfachnennungen waren möglich)

Hauptmotivation der meisten Firmen für die Wahl ihres Produktionsstandortes war die Nähe zu einem potentiellen Absatzmarkt. Dies zeigt sich nicht nur aufgrund der häufigen Nennung (gegen 80%), sondern auch aufgrund der Tatsache, dass dieser Grund meist als wichtigster genannt wurde. Einige Betriebe in Indien sind zusätzlich als Antwort auf die indischen Handelsschranken entstanden.

Eine ebenfalls sehr wichtige Motivation für eine Investition in einem Entwicklungsland war die Nähe zu Rohstoffen (40 %). Insbesondere bei Massengütern findet aus Gründen relativ hoher Transportkosten ein erster Veredelungsschritt oft nahe dem Ort der Rohstoff-schürfung statt.

Etwa ein Viertel aller befragten Firmen sehen, wenn auch nie in erster Priorität, die günsti-geren Produktionskosten als Grund für ihre Standortwahl. Als Grund für die geringeren Produktionskosten wurden die largen Umweltschutzauflagen in keinem Fall genannt.

Wir untersuchten auch, ob die Firmen Teile ihrer Produktion exportieren. Besonders der Export von Gütern in das Land der Mutterfirma könnte ein gewisses Indiz für eine Stand-ortarbitrage darstellen. Für uns war das Resultat hier überraschend. Fast die Hälfte der Betriebe exportieren Teile ihrer Produktion. Mengenmässig sind hier aber grosse Unterschiede festzustellen. Während gewisse Firmen nur einzelne arbeitsintensive Spezialprodukte (Roche) für den Export herstellen, wird z.b. in der Zellstoffindustrie der grösste Teil des Umsatzes im Ausland getätigt.

Das Resultat dieser Befragung konnte uns nicht definitiv befriedigen. Wir sind uns bewusst, dass wir unter Umständen nicht überall die volle Palette von Argumenten erfragen konnten. Darum bedienten wir uns zur Beantwortung der Frage nach der Standortarbitrage noch weiterer Untersuchungsmethoden.

3.2.7 Auswertung von Indizien

Viele der bestehenden Studien sind aus methodischen Gründen mit der Situation von schweizerischen Firmen nicht vergleichbar. Auch sind die Resultate sehr kontrovers. Während die eine Gruppe von Analysen anhand von Beispielen den Beweis für Standortarbitrage zu liefern glaubt, versucht eine andere Gruppe rein theoretisch zu zeigen, dass Mehrkosten aufgrund von strengeren Umweltschutzauflagen bei der Standortwahl eine sehr untergeordnete Rolle spielen. Aufgrund der Resultate dieser früheren Studien sowie aufgrund unserer Befragungen an einigen Produktionsstandorten kommen wir zum Schluss, dass die Existenz von 'ökologisch bedingter Arbitrage' für Schweizer Firmen eher verneint werden muss.

Graf (1991) versuchte zwei weitere Untersuchungsmethoden auf unsere konkreten schweizerischen Verhältnisse anzuwenden. Einerseits wurde der effektive Anteil der Umweltschutzkosten am Gesamtaufwand der Firma bestimmt, und andererseits wurde das Wachstum einiger umweltbelastender Industriebranchen in Entwicklungsländern mit dem entsprechenden Branchenwachstum in der Schweiz verglichen.

Von 13 Schweizer Firmen der Branchen Chemie/Pharma, Zellstoff/Papier, Nahrungsmittel, Steine/Erden, Maschinenbau und Elektrotechnik ermittelte Graf (1991) den Gesamtkostenanteil für Massnahmen im Umweltschutz. Dieser Kostenanteil liegt bei Schweizer Produktionsbetrieben in der Grössenordnung von 5% bis 10%. Für unsere Fragestellung bedeutet dies, dass der Anteil der umweltschutzbedingten Kosten am Gesamtaufwand einer Produktionsfirma in der Schweiz zu klein ist, als dass er standortentscheidend sein könnte. Graf (1991) vermutet anhand eines Modellbeispiels, dass der Kostenfaktor 20% der Gesamtkosten ausmachen müsste, um ceteris paribus eine Standortverlagerung zu motivieren.

Die Auswertung unserer Befragungen bei Produktionsanlagen in Entwicklungsländern ergab einen Kostenanteil für Umweltschutzinvestitionen von zwischen 1 bis 6% (siehe 3.9.3).
Die Kostendifferenz zwischen einer Produktion in der Schweiz oder in einem Entwicklungsland aufgrund unterschiedlicher Umweltschutzmassnahmen ist daher gering (ca. 4%).
Bedenken wir, dass in mittlerer Zukunft die Umweltschutzbestimmungen in den Entwicklungsländern ebenfalls strenger werden, so gilt weiter zu bedenken, dass Einsparungen nur
über einen Zeitraum von schätzungsweise 15 Jahren möglich sein werden.

Diese kurzfristige und geringe Kosteneinsparung, die von einer Produktionsanlage in einem
Entwicklungsland erwartet werden darf, kann unserer Meinung nach keine hinreichende
Motivation für eine Verlagerung der Produktion sein.

Als nächstes Indiz, das für oder gegen die Existenz von Standortarbitrage sprechen soll,
wurde das Produktionswachstum verschiedener Industriebranchen, die potentiell als um-
weltbelastend gelten, in ausgewählten Entwicklungsländern untersucht und mit der Schweiz
verglichen. Würden sich diese Wachstumsraten entgegengesetzt entwickeln, so könnte die
Hypothese nahe liegen, dass sich die umweltbelastende Produktion von der Schweiz in
Entwicklungsländer verschoben hätte. Anhand von Statistiken der United Nations Industrial Development Organization konnte Graf (1991) aber keinen signifikanten Unterschied
im Wachstum der einzelnen Branchen feststellen. In Anbetracht der Resultate aus den beiden indirekten Untersuchungsmethoden müssen wir unsere Hypothese betreffend eine
Standortarbitrage von Schweizer MNUs falsifizieren.

3.2.8 *Ökologisch bedingte Arbitrage von Schweizer Multinationalen Unternehmen*

Zusätzlich zu unseren eigenen Untersuchungen nahmen wir Kontakt mit sogenannt kritischen und unabhängigen Organisationen auf, die sich mit Fragen aus dem Gebiet der Entwicklungszusammenarbeit und des Umweltschutzes befassen. Folgende Stellen wurden
kontaktiert:

(1) 'La cinquième Suisse', eine Organisation, die aus kritischen Aktionären von schweize-
     rischen MNUs zusammengesetzt ist
(2) die kirchlichen Organisationen 'Justitia und Pax'der katholischen Landeskirche und
     'Schweizer Institut für Sozialethik' der reformierten Landeskirche
(3) die Umweltorganisationen WWF und Greenpeace
(4) 'Die Erklärung von Bern' und die Koordinationsstelle für Entwicklungspolitik der
     Hilfswerke.

Einzig die Geschäftsstelle von Greenpeace vermutet einen Fall von ökologisch motivierter
Verlagerung der Produktion in Entwicklungsländer zu kennen.

Nach dem Unfall von Schweizerhalle habe die Sandoz Agro AG die Produktion von Disulfuton ins Düngemittelwerk von Resende, Brasilien verlegt. Greenpeace lägen interne Informationen vor, wonach dort von 1987 bis 1990 die Organo-Phosphat Pestizide weiter produziert und darauf zur Formulierung zurück nach Basel verschifft worden seien.

Trotz dieses Einzelfalls kommen wir zum Schluss, dass Standortarbitrage aus Umweltschutzgründen für Schweizer Firmen atypisch ist. Dieses Resultat kann uns aber im Hinblick auf eine nachhaltige Entwicklung in den industriell-urbanen Räumen der Entwicklungsländer nicht genügen. Wir wollen vielmehr untersuchen, ob es Mittel und Wege gibt, das ökologische Verhalten der Schweizer Firmen in diesen Staaten weiter zu optimieren. Dazu musste zuerst ein Einblick in die Möglichkeiten und Grenzen der betrieblichen Umweltschutzmassnahmen schweizerischer MNUs in den industriell-urbanen Räumen des Südens gewonnen werden.

3.3 Nahrungs- und Genussmittelindustrie

3.3.1 Einleitung

Zur Beurteilung der Möglichkeiten und Grenzen des betrieblichen Umweltschutzes in der Nahrungs- und Genussmittelbranche wurden 5 verschiedene Produktions- und Verarbeitungsanlagen in Brasilien besucht. Es handelt sich dabei um die Firma Chadler in Salvador da Bahia, die Kakaobohnen verarbeitet, sowie 4 Betriebe der Nestlé do Brasil im Staate Sao Paulo, die Kaffee, Milchprodukte, Suppen und Fertiggerichte herstellen. Während die Betriebe der Nestlé 100prozentige Töchter des schweizerischen Konzerns sind, wird die Firma Chadler nur durch ein schweizerisches Management und eine schweizerische Minderheitsbeteiligung beeinflusst. Die Firma Chadler ist im übrigen ein direkter Zulieferer von Zwischenprodukten für eine Schokoladenfabrik der Firma Nestlé. Neben Interviews mit den Managern, Betriebsbesichtigungen und dem Studium von offiziellen und internen Dokumenten der Firmen konnten wir unsere Informationen zur Umweltverträglichkeit der verschiedenen Produktionsbetriebe mit den Angaben der zuständigen staatlichen Umweltbehörden CRA (Centro de Recursos Ambientais, Bahia) und CETESB (Companhia de Technologia de Saneamento Ambiental, Sao Paulo) vervollständigen.

Vorgängig der Untersuchungen vor Ort fand am Konzernsitz der Firma Nestlé ein Gespräch mit Vertretern der Generaldirektion und der zuständigen Stabsstellen statt. In diesem Gespräch kam deutlich zum Ausdruck, dass in den Augen der Lebensmittelbranche der Umweltschutz keine zentrale Herausforderung bedeutet. Sowohl die Konzernleitung in der Schweiz als auch die Technische Direktion in Brasilien beurteilten die Belastung durch die Produktion von Nahrungs- und Genussmitteln im Vergleich zu den Umweltproblemen anderer Branchen als minim. Wenn wir also im folgenden Kapitel feststellen, dass die untersuchten Fallbeispiele in einigen Fällen einen relativ bescheidenen Stand in der Anwendung von umweltrelevanten Technologien ergaben, dann kann dies darauf zurückzuführen sein, dass auf den obersten Entscheidungsebenen in dieser Branche die Notwendigkeit des betrieblichen Umweltschutzes lange Zeit etwas zu stark verdrängt wurde.

Diese Haltung ist zu einem gewissen Grad auch verständlich. Im Vergleich zu anderen Branchen - etwa der Schwerindustrie - sind die Umweltbelastungen der untersuchten Betriebe im Zusammenhang mit den globalen Umweltproblemen weit weniger gravierend. Es sind dies vor allem Lärm- und Geruchsemissionen sowie organische Belastungen der Abwässer. Wenn diese Umweltprobleme keine entscheidende Belastung der industriell-urbanen Ökosysteme bedeuten, so muss doch betont werden, dass gerade diese Emissionen in mehreren Fällen zu Reklamationen in der Bevölkerung geführt haben. In Europa hat dies schon in den siebziger Jahren dazu geführt, dass Investitionen zur Verbesserung der Umweltverträglichkeit getätigt werden mussten. Es handelte sich dabei um beachtliche Investitionssummen, die, wie eine Broschüre der deutschen Nestlé-Gruppe (Nestlé 1985a) zeigt, über 10 % der jährlichen Gesamtinvestitionen ausmachen. Im Zusammenhang mit den Erkenntnissen über die Verringerung der stratosphärischen Ozonschicht spielt heute die Diskussion um die idealen Kühlmittel gerade für eine Lebensmittelfirma eine zentrale Rolle. Die verwendeten Kühlmittel können in die Stratosphäre gelangen und dort durch das UV-Licht Chlor-Radikale abspalten, welche katalytisch die Spaltung der Ozonmoleküle beschleunigen. Die Nestlé hat daher entschieden, bis zum Jahr 1995 bei ihren grossen Installationen weltweit die FCKWs durch andere Kühlmittel zu ersetzen.

Im Zuge des wachsenden Stellenwertes, den der Umweltschutz in der Öffentlichkeit einnimmt, ernannte nun die Konzernleitung in Vevey im Jahre 1990 eine Umweltbeauftragte (Corporate Environment Officer), die direkt dem Delegierten des Verwaltungsrates verantwortlich zeichnet (Heer 1991: 553). Zusammen mit einer interdisziplinären Gruppe verschiedener Spezialisten aus den einzelnen Unternehmensbereichen (Environmental Advisory Group) konnte, wie auch bei anderen von uns untersuchten Schweizer Firmen, im darauffolgenden Jahr ein weltweit gültiger Bericht über die Umweltpolitik (Nestlé 1991a) veröffentlicht werden. Unsere Untersuchungen in Brasilien fielen folglich zusammen mit dem Start der weltweiten Umsetzung dieser vereinheitlichten Umweltpolitik. Interessant wäre in diesem Zusammenhang eine zweite Untersuchung zu einer späteren Zeit. Im Sinne eines Umweltcontrolling könnte damit ergründet werden, wie effizient eine Umweltstrategie umgesetzt werden kann. Dadurch, dass unsere untersuchten Firmen z.T. in einem Lieferanten/Kunden-Verhältnis stehen, könnte hier eventuell auch die Frage beantwortet werden, ob sich eine progressive Umweltstrategie einer bedeutenden, hier sogar marktbeherrschenden Firma, positiv auf weitere lokale Firmen auswirken könnte. In den folgenden Fallbeispielen sollen nun konkret einige Problembereiche diskutiert werden.

3.3.2 Kakaoverarbeitung

Das erste Fallbeispiel, aus Salvador da Bahia, zeigt, wie eine anfängliche Konfrontation zwischen einem industriellen Betrieb und der zuständigen Umweltbehörde durch die Nachsicht und das Verständnis von beiden Parteien letztendlich eine Produktion mit vermehrter Umweltverträglichkeit motivieren kann.

Die Firma Chadler stellt seit 50 Jahren inmitten der Stadt von Salvador Produkte aus der Kakaobohne her. In letzter Zeit ist die Firma wegen ihren Geruchs- und Lärmemissionen in der Öffentlichkeit unter Beschuss geraten. Die Anwohner sind der Auffassung, dass viele ihrer Krankheiten auf diese Emissionen zurückzuführen sind. Die Behörden waren bereit einzugreifen. Sie gaben eine Umweltstudie in Auftrag und verlangten von Chadler, dass diese ihre Produktion in einen der beiden Industrie-Parks ausserhalb der Stadt verlegen solle. Da aber in diesen beiden Regionen vor allem die Schwerindustrie angesiedelt ist, wollte das schweizerische Management aus hygienischen Gründen ihre Anlage nicht verlagern.

Die Firma startete eine Gegenoffensive und stellte sich auf den Standpunkt, dass die Krankheiten der Anwohner eine ganz andere Ursache hätten. Nach Angaben der Direktion liegt die Fabrik in einem Quartier, das auf einem ehemaligen Sumpf entstanden ist. Dies sei aus drei Gründen gesundheitlich bedenklich:

(1)   Das Terrain sei mit Abfall aufgefüllt worden, der noch heute einen Gärungsprozess durchmache.

(2)   Der Bau eines Kanalisationssystems sei praktisch undurchführbar. Die Einwohner graben auf ihren Parzellen ein Loch und entsorgen den häuslichen Unrat.

(3)   Wegen des instabilen Baugrundes musste ein besonders dickes Strassenbett angelegt werden, wodurch die Strasse im Vergleich zu den Fundamenten der Häuser wesentlich höher zu liegen kommt. Die grosse Menge Meteorwasser, bedingt durch die zahlreichen Niederschläge in dieser Gegend, durchdringen den Baugrund der Häuser und führen zu einem feuchten Klima in den Behausungen.

Das Management von Chadler ist also überzeugt, dass die dauernde Feuchtigkeit in den Häusern sowie die Gärgase aus alten und neuen Deponien in der unmittelbaren Umgebung hauptsächlich verantwortlich für die Erkrankungen der Bevölkerung seien.

Mit dem Beschrieb des Produktionsprozesses soll nun auf einige Umweltprobleme konkret eingegangen werden:

(1) Um die Verschmutzung zu verringern, werden die Kakaobohnen mittels mechanischer Siebe sortiert. Defekte oder zusammengeklebte Bohnen werden von den übrigen getrennt und neuerdings als Viehfutter weiterverwendet.

(2) Die einwandfreien Bohnen werden geröstet. Die dabei entstehende Abluft wird nur zum Teil gesammelt und über ein Hochkamin abgegeben. Der grössere Teil entweicht ungehindert in die Atmosphäre.

(3) Die gerösteten Bohnen werden gemahlen. In diesen Kugelmühlen entsteht durch die Vibration eine bedeutende Lärmemission, die von der umgebenden Bevölkerung als störend empfunden wird.

(4) Das Mahlgut wird getrocknet (9 % Wasseranteil) und dann durch hydraulische Pressen geführt. Hier wird unter weiteren Lärm- und Geruchsemissionen die Kakaobutter vom Kakaopulver getrennt.

(5) Mit Lösungsmitteln werden zusätzlich aus der Kakaomasse Fette gewonnen, die eine Basis für Kosmetika bilden. Die Lagerung dieser Lösungsmittel hatte verschiedentlich zu Sicherheitsproblemen geführt.

(6) Die Kakaobutter wird unter Erwärmung (21,5°C) und Kristallisation zum Transport in Blechkisten abgefüllt.

Als Energieträger wird Schweröl eingesetzt. Dies hat eine beträchtliche Emission von Schwefelverbindungen zur Folge.

(7) Das Kakaopulver seinerseits wird gemahlen und mit chemischen Zusätzen geschwärzt.

(8) Bei den verschiedenen Wasch- und Kühlvorgängen entsteht eine grosse Menge von Abwasser, das organisch und auch farblich sehr belastet ist und ungeklärt in die Kanalisation geleitet wird.

Die Behörden von Salvador da Bahia beschlossen 1990, dieser Produktionsanlage die Betriebsbewilligung zu entziehen. Nach einem Rekurs der Firma wurde eine provisorische Produktionsbewilligung für weitere 180 Tage gewährt. In dieser Zeit sollte nun die ursprünglich rein brasilianische Firma mit schweizerischem Umwelt-Know-how so saniert werden, dass eine längerfristige Betriebsbewilligung ausgestellt werden kann.

Das Management ist heute gewillt, Massnahmen zur Reduktion der Emissionen zu suchen. Zum Zeitpunkt der Untersuchung waren folgende Massnahmen bereits eingeführt:

(1) Die Fettproduktion mit Lösungsmitteln (n-Hexan) wurde eingestellt.

(2) Zur Klärung der belasteten Wasser wurde ein Absetzbecken eingerichtet. Das Fett setzt sich zum Teil, kann abgeschieden und zur Seifenfabrikation verkauft werden.

Die Massnahmen für den Umweltschutz ergeben zur Zeit Kosten von 750'000 SFr. Diese Zahl ist im Verhältnis zum fakturierten Verkaufsvolumen von 80 - 100 Mio. SFr. zu sehen. Die Behörden verlangen aber zu Recht noch einschneidendere Massnahmen (CRA 1990):

(1) Die Maschinenräume sollen schallisoliert werden (Aufwand über 1,5 Mio. SFr.), so dass die Lärmemissionen unter 70 dB gesenkt werden können.

(2) Zur Dampf- und Wärmeerzeugung soll schwefelarmes Heizöl verwendet werden (Mehraufwand für Brennstoff 30 %).

(3) Es sollen Abluftwaschanlagen eingerichtet werden.

(4) Eine Studie soll erstellt werden, die die Möglichkeit, Kakaoschalen als Brennstoff zu verwenden, untersucht.

(5) Die Staubemissionen der Bohnensäuberung, der Entschalung, der Mühlen und der Lagereinrichtungen sollen durch Filterzyklone reduziert werden.

(6) Die Schadstoffemissionen der Trocknungsanlagen sollen vollständig durch den bereits bestehenden Hochkamin geleitet werden.

(7) Eine Abwasserreinigungsanlage soll gebaut und die Qualität des Abwassers täglich kontrolliert werden. Die Resultate dieser Qualitätskontrolle müssen monatlich der Umweltbehörde mitgeteilt werden. Untersucht werden müssen folgende Parameter: pH-Wert, Öl- und Fettgehalt, Temperatur sowie absetzbare Feststoffe.

(8) Dass solche Massnahmen auch ökonomisch sinnvoll sein können, zeigt folgender Punkt. Die Firma hat errechnet, dass mit einer effizienten Abwasserreinigungsanlage das Brauchwasser zum Teil rezykliert werden und damit Frischwasser im Wert von 7'000 - 15'000 SFr. pro Jahr gespart werden könnte.

(9) Für die Tanklager von Lösungsmitteln und Brennstoffen soll ein Alarmplan ausgearbeitet werden.

Da es sich bei dieser Liste um ein gutes Beispiel möglicher Auflagen durch die Umweltbehörden handelt, wurde dieser Fall mit Absicht etwas ausführlich zitiert. Die nahe Zukunft muss nun zeigen, ob ein solches mittelgrosses Unternehmen die finanzielle Basis besitzt, um die ökologisch nötigen Massnahmen zu ergreifen. Zur Zeit unseres Besuches waren gewisse Termine bereits ungenutzt verstrichen. Damit zeigen sich auch gleich die Grenzen der Einflussnahme durch die Behörden. Die fachtechnische Umweltbehörde kann Vorschläge zur Verbesserung des betrieblichen Umweltschutzes ausarbeiten, über die Verhängung von Konsequenzen befindet aber eine politische Behörde. In dieser haben neben Regierungsvertretern vor allem Vetreter der Unternehmerkreise Einsitz.

3.3.3 Die Umweltpolitik der Nestlé

Wie bereits in der Einleitung erwähnt, will die Nestlé-Konzernleitung seit Beginn der neunziger Jahre dem betrieblichen Umweltschutz einen höheren Stellenwert beimessen. Um dies zu erreichen, seien Anstrengungen in den verschiedensten Sektoren nötig. Im weiteren sei ausserordentlich wichtig, dass die neu entwickelten Umwelttechnologien innerhalb des Konzerns möglichst rasch verbreitet würden. Bevor wir die Umweltverträglichkeit einzelner Betriebe in Brasilien diskutieren, sollen einzelne der geplanten konkreten Massnahmen kurz zitiert werden (Nestlé 1991a):

(1) Für neue Produkte und Produktionsmethoden mussten Umweltverträglichkeitsuntersuchungen entwickelt werden.

(2) Rohstoffe, deren Umweltverträglichkeit bekannt sei, würden bevorzugt gekauft. Insbesondere im Bereich der Agrarprodukte werde Wert darauf gelegt, dass vorzüglich solche eingekauft würden, die naturnah produziert worden seien.

(3) In der Produktion sei das Rohmaterial effizient zu nutzen, der Abfall zu minimieren und wo vorhanden sicher zu entsorgen.

(4) Als Hilfsmittel zur Steigerung der Umweltverträglichkeit seien zuerst die ökologische Leistung der einzelnen Produktionsanlagen zu evaluieren und dann Zielgrössen zu definieren. Die Erfüllung der lokalen Normen sei eine Minimalanforderung. Wo solche nicht vorhanden seien, müssten interne Standards zur Anwendung gelangen.

(5) Die Art der Verpackung ist in der Lebensmittelbranche ein sehr sensibler Bereich. Hier gilt es die Gratwanderung zwischen einem optimalen Schutz der zum Teil verderblichen Produkte und einer minimalen Umweltbelastung durch die Packstoffe erfolgreich zu bestehen. Dabei wird explizit gefordert, dass Recycling der Verpackungsstoffe ein anzustrebendes Verfahren sei.

(6) Die Informationspolitik bezüglich der Umweltrelevanz der Nestlé-Aktivitäten soll sowohl intern als auch extern gefördert werden.

Aufgrund der zahlreichen Mutationen von konsolidierten Tochterunternehmen und den damit verbundenen namhaften Veränderungen des Produktemix wurde bis anhin darauf verzichtet, eine konzernweite ökologische Rechnungsführung zu erstellen. Dies verunmöglichte es unserer Untersuchung, Zahlen über die Kosten des Umweltschutzes im ganzen Konzern zu vergleichen. Ausnahme bildet die Information über die Substitution von Fluor-Chlor-Kohlenwasserstoffverbindungen. Diese weltweite Massnahme wird den Konzern bis im Jahr 1995 über 40 Mio. SFr. kosten. Es entspricht der Geschäftsphilosophie von Nestlé, dass die Tochterfirmen in verschiedenen Ländern eine grosse Autonomie geniessen. Es wird daher nicht angestrebt, mit Controlling-Massnahmen (wie Umwelt-Audits) weltweit nach gleichen Umwelt-Standards zu produzieren.

3.3.4   Nestlé in Sao Paulo

Wir hatten die Gelegenheit, kurz nach Erscheinen dieser neuen Umwelt-Politik vier Betriebe im Staate Sao Paulo zu besuchen und uns über den Stand des betrieblichen Umweltschutzes vor der Implementierung einer weltweiten Umweltpolitik zu informieren. Von den zitierten Umweltleitlinien war erst der Punkt 6 in Ansätzen implementiert.

Die besuchten Anlagen liegen alle im Hinterland des Staates Sao Paulo. In Sao José do Rio Pardo konnte eine Suppen- und Cerealien-Produktefirma besichtigt werden, in Santa Cruz das Palmeras eine Milchsammelstelle, in Porto Ferreira eine Milchverarbeitungsanlage und in Araras eine Kaffeefabrik.

Die Firma Nestlé ist in Brasilien klarer Marktleader in der Lebensmittelbranche. Ein wichtiger Teil der Aktivitäten besteht in der Milchverarbeitung. Umweltrelevant sind in diesem Bereich fast ausschliesslich die Molkereiabwässer, die durch die Reinigung von Produktions- und Transportanlagen entstehen. Da es sich bei den Stoffen, welche das Brauchwasser belasten, um verwertbare Produkte handelt, ist das ökologische Problem auch in direktem Mass ein ökonomisches.

Eine besondere Situation ergibt sich bei den Milchsammelstellen. In Anbetracht der grossen Transportwege in Brasilien mussten neben den 12 Molkereifabriken noch über 100 Milchsammelstellen eingerichtet werden. Diese relativ kleinen Anlagen produzieren eine BOD_5-Last, die den Kommunalabwässern von etwa 500 - 600 Einwohnern entspricht. In den letzten Jahren wurden bereits 40 Sammelstellen sukzessive mit biologischen Abwasserreinigungsanlagen ausgerüstet. Die Investitionen von 90'000 SFr. sind für die z.T. kleinen Milchsammelstellen verhältnismässig gross. Die angestrebten Grenzwerte (z.B. biologischer Sauerstoffbedarf von 30 ppm) konnten in dieser Anlage noch nicht erreicht werden. Die Arbeit der Bakterien kann noch zu wenig kontrolliert werden. Dieser Umstand ist vor allem darauf zurückzuführen, dass die Steuerung der Anlage sehr heikel ist. Die Milchsammelstellen sind von ihrer Grösse her kaum mit technisch ausgebildetem Personal besetzt. Die Firmenleitung hofft, durch eine gezielte Schulung des Personals und ein strenges Auditing durch die Zentrale in Sao Paulo, das Problem der Steuerung dieser Reinigungsprozesse zu lösen.

Auch die eigentlichen Produktionsbetriebe erhielten in den letzten Jahren Verbesserungen in der Abwasserreinigungstechnik. Zur Zeit der Untersuchung (im Süd-Winter 1991) besassen 10 Fabriken eine solche Anlage; 1 Anlage war im Bau und 4 weitere Fabriken sollten in den folgenden Jahren eine solche erhalten. Bis Ende 1995 ist geplant, dass alle Fabriken der Nestlé eine eigene Abwasserreinigungsanlage betreiben oder aber, wie in der Stadt Sao Paulo, ihre Abwässer in eine öffentliche Anlage einleiten können. Die folgende Tabelle soll die benötigten Investitionen und den Betriebsaufwand für solche betriebseigenen Abwasserreinigungsanlagen in Relation zu den gesamten Investitionen und Betriebskosten darstellen.

	Rio Pardo			Porto Ferreira		
	Fabrik	ARA	%	Fabrik	ARA	%
Investitionen Mio. SFr.	166	1,6	0,98	53,6	1,09	2,04
Unterhaltskosten in 1000 SFr.	1'354	5,4	0,4	580	19,5	3,3
Stromverbrauch in MWh / a	21'300	820	3,85	8'914	484	5,4
Energiekosten in 1000 SFr.	1'950	61	3,85	667	36	5,4
Anzahl Arbeiter	890	1		216	1	
Salär in SFr./a		10'140			10'140	
Totale Betriebskosten der ARA		77'040			65'940	
Produktionskosten (Mio. SFr.)	4,5		0,19	2,55		0,55

Darstellung 3-2:   Vergleich des Betriebsaufwandes mit den Aufwendungen für Abwasserreinigung für zwei Betriebe der Firma Nestlé. Mündliche Angaben gelten für Mai 1990, von Silveiras (Nestlé indl. e. Coml. Lta in Sao Paulo)

Bei beiden Beispielen handelt es sich um Abwasserreinigungsanlagen, die periodisch erweitert wurden. Die direkten Betriebskosten pro m³ gereinigtes Wasser liegen unter einem Rappen. Eine neue Abwasserreinigungsanlage, die den heutigen technischen und ökologischen Anforderungen genügen könnte, würde bei einer Kapazität von 1000 m³ pro Tag eine Investition von ca. 2,3 Mio. SFr. bedeuten.

In Porto Ferreira wurde eine Fabrik für Säuglingsnahrung besichtigt. Wir kamen zu einer Zeit mit saisonbedingt niedriger Produktion. Die Periode wurde dazu genutzt, das Betriebspersonal sicherheitstechnisch zu schulen. Eine Explosion in einem Zerstäubungstrockner (Sprüh-Trocknung) wurde simuliert und die entsprechenden Notmassnahmen wurden eingeübt. Diese haushohen Trocknungszylinder sind nicht ganz ungefährlich. Eine strenge Überwachung der Betriebstemperaturen soll die Entstehung eines Unfalls verhindern, und eine gute Schulung der Arbeiter soll im Falle einer Explosion den Schaden an

Umwelt und Bevölkerung limitieren. Neben sicherheitstechnischen Überlegungen gab der Trocknungsprozess für das Milchpulver ein gutes Beispiel ab, wie verfahrenstechnisch Energie und Wasser gespart werden und so ökologische und ökonomische Effizienz gewonnen werden können. Mit dieser Methode kann die verwendete Menge an Dampf pro getrockneten Liter Milch um 80 % reduziert werden.

Im Werk von Araras, mit 70 Jahren dem ältesten von Brasilien, muss insbesondere die Kaffeeverarbeitungsanlage als ökologische Pièce de résistance angesehen werden. Verschiedene Massnahmen sind bereits in Diskussion, um eine Verbesserung der Luftreinhaltung zu erreichen. Beim Röstvorgang wird eine vom Geruch stark belastete Abluft freigegeben. Die Methode einer Nachverbrennung der Abluft z.B. ist äusserst energieintensiv. Eine Rückgewinnung der Abwärme könnte den Energiebedarf etwas verringern. Eine solche Zusatzanlage hätte aber einen Kapitalaufwand von gegen zwei Mio. SFr. zur Folge. Es wurde auch die Möglichkeit des Einsatzes eines katalytischen Filters für die Abluft untersucht.

Dieser Problembereich ist ein gutes Beispiel dafür, wie die Firma Nestlé ihre Erfahrung mit der Luftreinhaltung von Kaffeeröstereien in anderen Ländern nutzen und konzernintern die Techniker von Araras beraten kann.

Viel weiter ist in Araras der Bereich der Abwasserreinigung. Die Fabrik produziert eine BOD_5-Last, die den Kommunalabwässern von 30 - 40'000 Einwohnern entspricht. Die Stadtbehörde verlangt entsprechend der Qualität des Abwassers von den Einleitern eine Gebühr. Diese umweltpolitische Vorkehrung ist mit ein Grund, warum sich die Fabrik in Araras mittels organisatorischer und technischer Umweltschutzmassnahmen auf einem sehr hohen Stand hält.

Gesamthaft kann gesagt werden, dass die Nestlé weltweit die Herausforderung des Umweltschutzes ernst nimmt. Es darf nicht unerwähnt bleiben, dass die Firma im Vergleich zu den übrigen von uns untersuchten multinationalen Firmen sehr spät die Notwendigkeit von Umweltschutzmassnahmen und eine konzernweite Umweltpolitik erkannt hat.

Als Zusammenfassung für das Kapitel über die Lebensmittelbranche sollen in der Darstellung 3-3 die Umweltschutzinvestitionen in Brasilien und in Europa (hier Deutschland), die jährlichen Investitionen und der jährliche Umsatz miteinander verglichen werden. Für Deutschland liegen die Durchschnittswerte aus den frühen achtziger Jahren vor. Die übrigen Daten sind neueren Datums. Für die Firma Chadler liegen keine Zahlen über das jährliche Investitionsvolumen vor, doch dürften diese Zahlen nicht viel über 150'000 SFr. liegen, da die Firma z.Z. kaum neue Kapazitäten schaffen will.

Firma	Umsatz	Investitionen	Umweltschutz	%- Satz
Nestlé BRD	6 Mrd. SFr.	510 Mio. SFr.	57,6 Mio. SFr.	11,3 %
Nestlé Brasil	2,2 Mrd. SFr.	61 Mio. SFr.	2,25 Mio. SFr.	4,0 %
Chadler Brasil	120 Mio. SFr.	-- .-	75'000 SFr.	-,-

Darstellung 3-3:   *Jährliche Umweltschutzinvestitionen im Verhältnis zu den Gesamtinvestitionen oder zum Umsatz für Nestlé und Chadler (Zahlen: Nestlé 1985, Dario official 1991, Nestlé 1992)*

3.3.5 Green Labeling

Will eine Unternehmung dem Anspruch einer ganzheitlichen umweltverträglichen Produktion genügen, so muss sie auch gewisse Ansprüche an Ihre Rohstoffe stellen. Nestlé zum Beispiel ist gemäss ihrem Umweltleitbild bereit, die Milchproduzenten dahingehend zu beraten, dass diese beginnen, naturnah zu produzieren. Die Umweltbehörde von Salvador da Bahia will im Bereich der Kakaobohnenproduktion einen weiteren Schritt wagen. Kakaobohnen, die in einer ökologisch angepassten Weise, d.h. in einer traditionellen Mischkultur produziert werden, sollen ein staatliches Prädikat, ein sogenanntes 'Green Label' erhalten. In der Gegend von Ilhéus wurde ein Pilotprojekt dieser Art gestartet, und es konnten zur Zeit unseres Besuches die ersten Bohnen geerntet werden. Die Umweltbehörden versuchen nun, mit einem geeigneten Marketing die ökologisch angepasste Produktion der Kakaobohnen aus Ilhéus bekannt zu machen.

3.4   Chemie- und Pharmaindustrie

3.4.1 Einleitung

Acht Werke von drei schweizerischen und zwei deutschen Firmen konnten in Brasilien und Indien besucht werden. Ausser den Betriebsbesichtigungen wurden Interviews mit gegen 40 führenden Persönlichkeiten in der Zentrale der Schweiz und in den Tochterfirmen im Ausland geführt. Damit konnte die Chemie- und Pharmabranche in der vorliegenden Studie am intensivsten untersucht werden. Die zwei Werke der deutschen Firmen Bayer und BASF wurden besucht, um die schweizerischen Bemühungen im betrieblichen Umweltschutz im internationalen Vergleich zu sehen.

Es folgt nun zuerst ein kurzer Einblick in die strategischen Umweltziele der untersuchten Firmen, danach werden die ökologischen Fragestellungen, die sich in den einzelnen Werken ergeben, dargestellt.

3.4.2 Strategische Ebene

Lange Zeit galten Umweltschutz und wirtschaftliche Interessen in den Augen der meisten Konzernleitungen als unvereinbare Gegensätze. Doch in jüngster Zeit hat sich diese Ansicht grundlegend geändert. So betrachtet die Bayer AG seit 1986 'den umfassenden Umweltschutz, eine hohe Qualität der Produkte und eine optimale Wirtschaftlichkeit als gleichrangige Ziele' (Bayer 1986). Ende 1989 setzte sich dieser Gedanke explizit auch bei der Konzernleitung der Ciba-Geigy durch. An einem weltweiten Führungsseminar der 'Top 500' von Ciba-Geigy wurde im Rahmen der Darstellung der neuen unternehmerischen Vision gar davon gesprochen, dass die gleichwertige Verantwortung in wirtschaftlicher, sozialer und ökologischer Hinsicht den Unternehmenszweck bilde (Moll 1991: 84). In beiden Firmen bilden diese Leitlinien die Grundlage für die strategischen Teilziele. Auch die Sandoz AG versteht, spätestens seit dem Unfall in Schweizerhalle, Massnahmen zur Verbesserung von Sicherheit und Umwelt als permanenten Unternehmensauftrag (Trachsel 1989: 3). In weltweit gültigen Konzerngrundsätzen für Sicherheit und Umweltschutz (Sandoz 1988) werden 10 umweltrelevante Verhaltens- und Arbeitsweisen festgelegt.

Diese konzernweiten Leitlinien wirkten sich auch auf die unternehmerischen Ziele der Tochterfirmen in Indien oder Brasilien aus. Knappe Ressourcen zu schonen und sie verantwortungsvoll zu nutzen sowie alle Massnahmen zu treffen, um potentielle Umweltbelastungen zu vermeiden (Hindustan Ciba-Geigy 1990: 20), gehören genauso zu den grundsätzlichen Zielen wie die Verminderung der potentiellen Umweltgefährdungen durch grösstmögliche Verhinderung sowie die präventive Begrenzung der Auswirkungen möglicher Störfälle bei den einzelnen Produktionsprozessen (Sandoz, 1990a: 3).

Auch die übrigen Firmen, die als Fallbeispiele untersucht wurden, sprechen dem Umweltschutz hohe Priorität zu. So wird betont, dass das Streben nach neuen Produktionsmethoden gleichermassen zu innovativen Lösungen im Bereich des Umweltschutzes (oft zusammen mit Sicherheit) führen soll, wie dies im Zusammenhang mit der Verbesserung der Produktivität und der Rentabilität bereits üblich sei (Roche 1984).

Aus der Analyse der strategischen Ebene kann gefolgert werden, dass die meisten chemischen Konzerne in jüngerer Zeit zu der Überzeugung gelangt sind, in den weniger entwickelten Staaten nach den gleichen Umweltstandards zu produzieren, wie es das Gesetz in der Schweiz verlangt. In den folgenden Untersuchungen auf der operationellen Ebene der

Chemie- und Pharmawerke bei Rio de Janeiro, Salvador da Bahia, Bombay, Goa, Guaratingueta und Sao Paulo ging es in der Folge darum, den Grad der Umsetzung dieser strategischen Ziele zu beurteilen.

3.4.3 Bayer (India) Ltd.

Die Firma Bayer produziert in Thana in der Nähe von Bombay seit 1967 pharmazeutische, chemische und agrochemische Produkte. Der Umweltauftrag für das Werk in Thana ist von der Konzernleitung in Leverkusen klar vorgegeben. 'Die weltweiten Beteiligungsgesellschaften von Bayer sind gehalten, für Umweltschutz und Sicherheit die gleichen Massstäbe anzuwenden wie die Bayer AG' (Bayer 1986: 2). Im Gegensatz zu den besuchten schweizerischen Firmen hat die Bayer AG schon einige Jahre früher, nämlich seit Mitte der siebziger Jahre, eine weltweit gültige Umweltpolitik publiziert. Bei den Gesprächen zeigte sich denn auch, dass Bayer in der chemischen Industrie in Indien wohl den höchsten Stand an umweltverträglicher Produktion aufweist.

Die Implementierung der weltweiten Umweltpolitik wurde auf drei Ebenen vorgenommen: auf der Ebene der Betriebsorganisation, der Ebene der Investitionen und der Ebene der Produktionsauslegung.

Organisatorisch wurde der betriebliche Umweltschutz wie folgt institutionalisiert: Ein ehemaliger Produktionschef wurde zum Umwelt- und Sicherheitschef ernannt und im Mutterhaus in Deutschland in einem Lehrgang auf seine neue Aufgabe vorbereitet. Funktionell ist er nun als Leiter der Abwasserreinigungsanlage und der Verbrennungsanlage chemischer Rückstände den 4 Leitern der Produktionseinheiten gleichgestellt. Unglücklicherweise ist aber für ihn kein Einsitz in der Betriebsleitung vorgesehen. Dadurch ist es ihm oft nicht möglich, bei den einzelnen Produktionsleitern die nötigen Umweltschutzmassnahmen durchzusetzen.

Sechs bis sieben Mio. SFr. wurden in den letzten 10 Jahren in eine Abwasserreinigungsanlage und in eine Verbrennungsanlage investiert. Für die Abwasserreinigung wird das gleiche biologische Verfahren wie in Deutschland angewendet. Auch die 1988 erbaute Hochtemperaturverbrennungsanlage entspricht den weltweiten Normen des Konzerns. Ein Problem stellt hier einzig die Kapazitätsauslastung dar. Die Menge an chemischen Rückständen des Werkes war etwas zu knapp, um die Verbrennungsanlage optimal zu fahren. Lange Zeit hatte die Firma daher Probleme mit der Verbrennung des Sonderabfalls. Inzwischen konnten die Entsorgungsanlagen (ARA und Ofen) optimiert werden. Heute ist das Werk überzeugt, dass weitere Verbesserungen im betrieblichen Umweltschutz vor allem durch Veränderungen in den Produktionsprozessen selber erfolgen können.

Konkret bedeutet dies, dass die Produktionsanlagen ihre Abwasserlast verringern und die chemische Spezifikation der Fremdstoffe besser deklarieren müssen. Dass Massnahmen zur Reduktion des Abfalls sogar kurzfristig ökonomisch rentieren können, wurde von einem Produktionsleiter erkannt. In einem Produktionsprozess entsteht schwefelige Säure (H_2S) als Nebenprodukt. Diese wurde lange Zeit verbrannt. Die dabei entstehenden SO_2-Emissionen können nun vermieden werden, indem ein Abnehmer von H_2S gefunden wurde, der diese Säure für seine Produktion verwenden kann.

Trotz den bereits erreichten Verbesserungen der Umweltbelastung ist die Situation alles andere als ideal. Bayer hatte ihr Werk vor 25 Jahren 'im Grünen' gebaut. Im Laufe der Jahre wurde das Gelände rund um das Betriebsareal durch wilde Siedlungen belegt. Heute befinden sich bereits Hütten an den Fabrikmauern. Seit dem Unglück in Bhopal sind die chemischen Grossfirmen auf den Aspekt Sicherheit sensibilisiert. Da es den Behörden nicht möglich ist, mit raumplanerischen Methoden eine Art 'Cordon sanitaire' um die Werke zu sichern, werden die Firmen in Zukunft gewungen sein, bei Landkauf darauf zu achten, dass innerhalb des Werkgeländes eine genügend grosse Sicherheitszone zwischen die eigentlichen Produktionsanlagen und potentielle Siedlungsgebiete gelegt werden kann.

Soll die Umweltsituation im industriell-urbanen Raum in Indien verbessert werden, so sehen meine Interviewpartner zusätzlich zu den innerbetrieblichen Massnahmen vorab drei Wege:

(1) Die Regierung muss Abschied nehmen von ihrer Politik der Förderung kleiner chemischer Produktionsfirmen. Diese Kleinunternehmungen mit meist nur einem Reaktor (Ort der chemischen Reaktion) ergreifen kaum Massnahmen zum Schutze der Umwelt. Auch wenn ihr Beitrag an die Verschmutzung von Boden, Wasser und Luft oft nur gering ist, wird wegen ihrer grossen Zahl der stadtische Raum beträchtlich belastet.

(2) Der Vollzug der Umweltverordnungen muss drastisch verbessert werden. Insbesondere müssen von den Staatsbetrieben dieselben Umweltnormen verlangt werden wie von den ausländischen Betrieben.

(3) Durch eine Zusammenarbeit zwischen den grossen chemischen Firmen sollten Entsorgungskapazitäten für kleinere Firmen geschaffen werden.

In der Konzernzentrale von Leverkusen wird zusätzlich Wert darauf gelegt, dass die Umweltgesetze baldmöglichst weltweit harmonisiert werden. Ein Vorstandmitglied illustriert diese Forderung in einem Vortrag am Beispiel des in der Textilindustrie wichtigen, aber kanzerogenen Farbstoffes Benzidin (schwarz). Vor über zehn Jahren hat Bayer einen neuen deutlich teureren Farbstoff entwickelt und den krebserregenden Farbstoff freiwillig aus der Produktion gezogen. Da die Konkurrenz in Indien Benzidin aber weiter herstelle, könne Bayer ihren neueren Farbstoff nicht vermarkten (Büchel 1987: 76).

3.4.4 Sandoz

Umweltaspekte konnten mit der Firma Sandoz sowohl in Indien als auch in Brasilien diskutiert werden. In Resende, in der Nähe von Rio de Janeiro, steht eine Fabrik. Diese setzt sich zusammen aus einem Agrochemikalien- und Galenikbetrieb sowie dem Gemeinschaftswerk Industrias Quimicas Resende S.A. (IQR), welches Farben, Pigmente und pharmazeutische Aktivsubstanzen fabriziert. Die Pharmazeutika werden zu etwa 50% zurück nach Europa exportiert. Die IQR is auch für die Versorgung mit Trinkwasser, Dampf und Kühlmitteln sowie für die Entsorgung von festen und flüssigen Abfällen der übrigen drei Betriebe zuständig. Dieses Werk konnten wir während mehreren Tagen besuchen. Juristisch handelt es sich um ein Joint Venture mit der Ciba Geigy (45%).

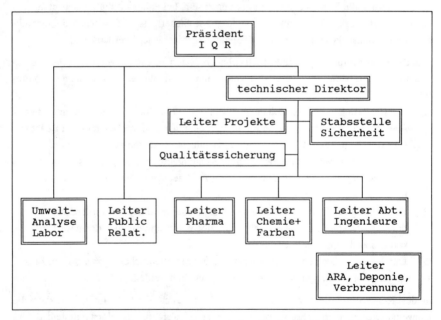

Darstellung 3-4: *Organigramm IQR. Ausser mit dem Direktor Logistik und dem Leiter der Analytikabteilung konnte mit den erwähnten Funktionsstufen ein Interview und im Falle der Produktionsleiter eine Betriebsbesichtigung durchgeführt werden (Werksangaben).*

Für das Management zeichnet aber vollständig Sandoz Brasilien verantwortlich. Sehr reichhaltig waren die Daten, die uns zur Verfügung gestellt wurden. Durch den praktisch freien Zugang zu z.T. vertraulichen Daten konnten wir ein ganzheitliches Bild über die Umweltprobleme und ihre Lösungen erhalten. Das vorangehende Organigramm zeigt, mit welchen Funktionsträgern in Resende (IQR) ein Interview geführt werden konnte (doppelt umrandete Kästchen). In Indien besuchten wir keine Produktionsanlage, konnten aber einige Gespräche mit der Geschäftsleitung von Sandoz (India) Ltd. führen.

Die Stadt Resende liegt am Paraiba-Fluss. Dieser Fluss verbindet die beiden Grossräume Sao Paulo und Rio de Janeiro. Er bildet somit die Basis für die grösste Bevölkerungs- und Industrieachse in Brasilien. Über hundert Fabriken, darunter auch grosse Chemie- und Stahlfirmen leiteten ihr Abwasser direkt oder allenfalls durch ein Mischbecken etwas neutralisiert in diesen Vorfluter. Auch die IQR gab lange Zeit ihre Abwässer mit von pH-Werten von 3 - 11, einer organischen Last von 500 mg/l BOD_5 oder 300 mg/l absetzbaren Stoffen direkt in den Vorfluter ab.

Für über 10 Millionen Menschen, darunter auch die Bevölkerung der Stadt Rio, dient dieser Paraiba-Fluss als Trinkwasserlieferant. In Brasilien sind Vertreter der vierten Gewalt (Medien) häufig die effizientesten Hüter der Umweltgesetze. Fernsehsendungen und andere Veröffentlichungen von Ökologieunfällen im Zusammenhang mit dem Paraiba-Fluss verursachten Ende der siebziger Jahre einen politischen Druck auf die Behörden. In der Folge wurden verschiedene Gewässerschutzverordnungen erlassen.

Die Firma Sandoz AG beschloss aufgrund einer neuen konzernweiten Sicherheits- und Umweltpolitik (Seveso) und nachdem die brasilianischen Behörden Einleitbedingungen für die Industrieabwässer erarbeitet hatten, umfangreiche Investitionen im Bereich der Abwasserreinigung. In drei Phasen wurde eine Trennkanalisation, eine chemisch-physikalische und eine biologische Reinigungsstufe für das Abwasser gebaut. Die Investitionen von ca. 8 Mio. SFr. (über 4 Jahre) lohnten sich, da damit alle umweltrelevanten Wasserparameter unter die gesetzlich geforderten Werte gesenkt werden konnten.

Mit der ARA konnte erreicht werden, dass bei der Einleitung der Abwässer in den Paraiba-Fluss der pH-Wert konstant zwischen 6,5 und 7,5 liegt, keine absetzbaren Stoffe mehr abgegeben werden, die Temperatur immer unter 40°C bleibt und die organische Last um 90% reduziert wird.

Auch an der öffentlichen Meinung gingen diese Umweltschutzanstrengungen in Resende nicht spurlos vorüber. Der Betrieb erhielt 1989 vom Staat Rio de Janeiro die Umweltmedaille zugesprochen.

Trotz dieser behördlichen Anerkennung der Anstrengungen bleiben im Abwasserbereich einige Probleme ungelöst. Es handelt sich dabei aber vor allem um Belastungen, die die Gesundheit der Biosphäre nicht ernsthaft gefährden. So entsteht durch einen Organo-Phosphorsäureester der Agro-Produktion ein übler Geruch. Die Kompressoren bei der ARA verursachen eine zusätzliche Lärmbelastung von 8 dB (am Werkrand ergeben sich damit 56 dB). Das Abwasser ist, je nach Stand der Produktion, im Vorfluter stark verfärbt; und der Klärschlamm bringt ein Entsorgungsproblem. Zur Entsorgung des anfallenden Klärschlammes wurde in Zusammenarbeit mit der Schweizer Ingenieur- und Geologiefirma Colombi Schmutz und Dorthe AG eine Deponie für gefährliche Industrieabfälle erstellt. Dort werden nur der ARA-Schlamm und die Asche aus dem Verbrennungsofen eingelagert. Die angewendete Technik basiert auf dem neuesten Stand der Technik in der Schweiz. In der Deponietechnik werden zwei Philosophien vertreten. Eine Gruppe von Fachleuten vertritt die Meinung, dass eine Deponie undurchlässig, d.h. mit separaten künstlichen Abdichtungsmaterialien gebaut werden müsse, damit eine Auswaschung der Schadstoffe ins Grundwasser verunmöglicht werde. Eine andere Gruppe - die kontaktierten Schweizer Experten gehören dazu - ist überzeugt, dass eine absolute künstliche Abdichtung des Deponiegrundes langfristig technisch zweifelhaft sei. Sie propagiert daher eine natürliche Kompaktierung mit gezielter Sammlung des Deponiesaftes, um diesen dann zu reinigen. Die Topographie und die Geologie werden in der vorliegenden Deponie der IQR als ideal beurteilt. Dem austretenden konzentrierten Deponiesaft wird in einer Reihe von kleinen, künstlichen Wasserfällen Sauerstoff zugeführt, um die organische Belastung abzubauen. Dadurch entspricht das Sickerwasser den behördlichen Einleitbedingungen. Als letzte Sicherheitsmassnahme wurde sogar vorgesehen, dass der Deponiesaft allenfalls in die IQR-ARA zurückgeführt werden könnte.

Probleme können in der Deponie vor allem bei den schlecht kontrollierbaren Organika auftreten (halogenierte Kohlen-Wasserstoffe). Eine Lösung würde darin bestehen, dass organisches und anorganisches Material getrennt gelagert würden, damit das organische Material zu einem späteren Zeitpunkt eventuell verbrannt werden könnte. Eine getrennte Einlagerung der Abfälle ist technisch möglich, bedingt aber einen Mehraufwand an Investitions- und Betriebskosten. So sehen die Grundsätze der internen Sicherheitsabteilung der Sandoz vor, dass organische Abfälle möglichst verbrannt werden sollten. Damit wird das Volumen und die Toxizität erheblich reduziert.

Trotzdem wurde beschlossen, auf eine getrennte Deponierung der organischen und anorganischen Substanzen und die anschliessende Verbrennung des organischen Materials zu verzichten. Folgende Argumente führten zu diesem Entschluss:

(1)   Die Sandoz verfügte damals noch über keine erprobte und umfassende Verbrennungstechnik.

(2)   Aufgrund der Bewilligungspraxis ist die Realisierung einer Verbrennungsanlage in Brasilien kurzfristig nicht möglich.

(3)   Es besteht im Werk in Resende noch keine genaue Abfallbilanz, die Aussagen über die zu erwartenden Mengen an organischen Abfällen zuliesse.

(4)   Für die brasilianischen Behörden soll kein Präjudiz durch eine getrennte Deponie geschaffen werden. Dies könnte sonst schlimmstenfalls bedeuten, dass bestehende Deponien nachträglich noch saniert werden müssten.

(5)   Für eine gemischte Deponie ist die Betriebsbewilligung vorhanden. Für eine getrennte Deponie müsste bei der staatlichen Umweltbehörde eine neue Installationslizenz eingefordert werden.

Aufgrund dieser Argumente wurde dann die noch heute gültige und praktizierte Strategie abgeleitet:

(1)   Konstruktion einer Verbrennungsanlage für Verpackungsmaterial und andere nicht chlorierte Abfälle

(2)   Verbrennung der kritischen Abfälle bei Dritten, d.h. lizensierten Betreibern von Verbrennungsanlagen für diese Art von Materialien

(3)   In der Deponie nur Einlagerung von ARA-Schlämmen und von Asche aus der internen Verbrennung

Für organische Lösungsmittel, welche nicht chloriert sind, und für das Verpackungsmaterial wurde 1989 eine kleine Verbrennungsanlage auf dem Werkgelände gebaut. Mit seiner Kapazität von 300 kg/Tag (bei maximal 1200°C) ist sie eigentlich überdimensioniert, mittelfristig ist sie aber mit der Verbrennung von seit langem zwischengelagertem Material noch ausgelastet. Vom lufthygienischen Standpunkt aus entspricht diese Anlage den neuesten Anforderungen. Die SO_2- und die NO_2-Emissionen werden mit einer Rauchgaswaschung zurückgehalten.

Ungelöst ist aber die Entsorgung der chlorierten Lösungsmittel wie auch der Schwermetalle. Diese können im Werk weder verbrannt noch deponiert noch mit der ARA (in Lösung) entsorgt werden. Auf dem Werkgelände türmen sich die Fässer mit diesen Stoffen. Vor einiger Zeit wurde daher versucht, diese Rückstände in einer Zementfabrik im nahen Bundesstaat Minas Gerais zu verbrennen. Die ersten Versuche brachten dazu auch ermutigende Resultate. Leider waren die staatlichen Behörden nicht bereit, eine Genehmigung für den regelmässigen Transport von toxischen Stoffen über die Staatengrenzen zu erteilen. Aus diesem Grunde musste dieses Projekt fallengelassen werden.

Weitere Anstrengungen werden in naher Zukunft im Bereich der Luftreinhaltung nötig sein. Der Einbau neuer Ventile mit Abdichtungskugeln, Gaspendelleitungen (wie in der Schweiz an Tankstellen heute üblich), weniger hohen Prozesstemperaturen und neuen Reaktoren sind einige der geplanten Änderungen, die in der Pharma-Abteilung zu einer Verringerung der Luftemissionen führen sollen. Auch wird eine Nachverbrennung der Abgase und der Einsatz verbesserter Kondensatoren (tiefere Operationstemperaturen) geprüft. In den nächsten vier bis fünf Jahren sind in der Pharma-Produktion Umweltschutzinvestitionen von gegen 20 Mio. SFr. budgetiert.

Interessanterweise beginnt IQR seit kurzem den Umweltschutz auch in verschiedenen Managementbereichen ins Bewusstsein zu bringen. So belastet die interne Kostenrechnung den einzelnen Produktionsbetrieben mengenspezifische Abgaben für die Entsorgungsleistungen (Abwasser, Verbrennung, Deponie). Durch die verbesserte Internalisierung der externen Kosten wird intern ein erhöhter Anreiz zu Produktionsanpassungen und damit zu einem Umweltschutz an der Quelle geschaffen. Erste Erfolge konnten bereits festgestellt werden. Der Fremdstoff Kupfer wird bereits in der Agroabteilung aus dem Abwasser gelöst und nicht in die gesamtbetriebliche ARA eingeleitet.

Weiter wurde in der Pharma-Produktion begonnen, eine ökologische Massen- und Energiebilanz zu erstellen. Diese soll die Grundlage bilden, um durch Änderungen in den Produktionsverfahren die natürlichen Ressourcen (Energie, Rohstoffe, etc.) effizienter zu nutzen und gleichzeitig weniger Abfälle und Emissionen zu erzeugen.

In der Farbenproduktion entstehen durch das Waschen der Anlagen grosse Abwassermengen. Es wird daher abgeklärt, ob eine Verkleinerung des Sortiments möglich wäre, um die Chargenwechsel und damit die Waschvorgänge zu verringern.

Ein weiterer Bereich des betrieblichen Umweltschutzes, der mit der Firma Sandoz sowohl in Indien als auch in Brasilien diskutiert werden konnte, betrifft die Gefahren bei der Lagerung und beim Transport kritischer Stoffe.

Spätestens seit dem Unfall in Schweizerhalle sind die potentiellen Gefahren von Lagerhäusern bekannt. Darum hat der Sandoz-Konzern zur Vermeidung von Unfällen bei der Lagerung, dem Transport und dem Gebrauch von Chemikalien ein neues Konzept erarbeitet. In den Produktionsanlagen z.B. dürfen nur Rohstoffe in der Grössenordnung einer Tagescharge gelagert werden.

Durch gezielte Schulungs- und Kontrollmassnahmen sollen Unfälle im Umgang mit Chemikalien bestmöglich verhindert werden. Die Lagerhauschefs und die Verkäufer von Agrochemikalien werden über die neuesten Sicherheitsvorkehrungen orientiert, und ihre Arbeit wird periodisch vom 'Headoffice' überprüft. Für den Transport von gefährlichen Stoffen wird jeweils ein Sicherheitsmanual mitgegeben. Es wird darauf geachtet, dass es in die entsprechenden lokalen Sprachen (in Indien waren es über 20 lokale Sprachen) übersetzt wird. Für uns zeigt sich hier deutlich, wie effizient eine multinationale Unternehmung in sehr kurzer Zeit (3 Jahre) weltweit eine neue Strategie durchsetzen kann.

Zusammenfassend kann gesagt werden, dass die Sandoz AG bewiesen hat, dass eine multinationale Unternehmung ein ideales Medium ist, um Umwelttechnologien aus industrialisierten in weniger entwickelte Staaten zu transferieren. Berücksichtigen wir die geplanten Luftreinhaltemassnahmen, dann weist die IQR sowohl im Software- als auch im Hardwarebereich einen hohen Stand an Umwelttechnologie auf.

3.4.5 Roche (India) Ltd.

Roche Products Limited of India produziert in Indien seit 1960 Pharmazeutika und Feinchemikalien. Das Pharmawerk befindet sich mitten in der Stadt, das Feinchemikalienwerk in einem Vorort (Thana) etwa 35 km ausserhalb von Bombay.

Aus betriebswirtschaftlichen Gründen würde sich ein Ausbau der Produktion aufdrängen. Einerseits sind jedoch die Produktionsmengen zu klein, um konkurrenzfähig zu produzieren (zunehmende Skalenerträge), andererseits aber ist in Zukunft bei entsprechendem Marketing mit einem gewaltigen Zuwachs vor allem bei der Pharma-Nachfrage zu rechnen. Dieser Optimismus basiert zum Teil auch auf den billigen Produktionskosten in Indien (bis zu 70% billiger als in der Schweiz).

Ein Ausbau der Produktion erweist sich aber als schwierig, da der Staat keine Genehmigungen für grössere ausländische Produktionsstätten inmitten von Siedlungen mehr erteilt. Die einzige Möglichkeit, die bleibt, ist, mit indischen Firmen ein Joint Venture einzugehen, um eine neue Fabrik 'im Grünen' zu erstellen. Roche würde die Technologie beisteuern und sich kapitalmässig nur minderheitlich beteiligen.

In der Chemie-Produktion wird vor allem Vitamin A hergestellt und zusätzlich einige Spezialprodukte. Die Vitamin-A-Produktion deckt 56 % des indischen Konsums ab. F. Hofmann La Roche betreibt in Sisseln bei Basel die weltweit grösste Anlage. Die Jahresproduktion von Thana wird dort in vier Tagen erreicht. Diese Tatsache würde bedeuten, dass nach dem Gesetz der zunehmenden Skalenerträge die indische Produktion ebenfalls in Basel erfolgen müsste. Da die indische Regierung den Import von Vitamin A kontrolliert, ist Roche gezwungen, will sie auf dem indischen Markt präsent bleiben, in Bombay zu höheren Produktionskosten weiter zu produzieren.

Wurde der Standort für die Vitamin-A-Produktion in Indien als Antwort auf die protektionistischen Massnahmen des Gastlandes gewählt, so verhält es sich bei den Spezialprodukten ganz anders. Diese zum Teil arbeitsintensiven Produkte können in Indien sehr billig produziert werden. Trotz der höheren Transaktionskosten wurde die Produktion einiger dieser Produkte in Basel gestoppt und nach Bombay verlagert.

Beim Bau des Werkes waren Umweltschutzmassnahmen nicht üblich. Dies änderte sich aber in jüngerer Zeit. Für etwa 2 Mio. SFr. wurden in den letzten zehn Jahren folgende Investitionen zum Schutze der natürlichen Ressourcen getätigt:

(1) Beim Auffüllen von Tanks zur Lagerung von Lösungsmitteln entweicht ein grosses Volumen dieser gasförmigen Stoffe. Diese Lösungsmittel werden seit einiger Zeit aufgefangen, unter Druck wieder kondensiert und ins System zurückgeführt. Damit können nicht nur Schadstoffemissionen verringert, sondern auch Rohstoffe gespart werden.

(2) Eine Abwasserreinigungsanlage besteht schon seit 1978. Das damalige Management entschied sich für eine einstufige Version. Die meisten anderen multinationalen Töchter entschlossen sich hingegen für ein zweistufiges System. Dieser Entscheid des damaligen Managements fiel trotz anderslautender Empfehlungen durch die Mutter in Basel einzig aus finanziellen Überlegungen und stellte sich im nachhinein als Fehlentscheid heraus. Die Produktion stieg seit 1978 unerwartet rasch, so dass heute die Grenzwerte der Behörden in bezug auf die organische Last nicht mehr eingehalten werden können. Die Tatsache, dass die lokalen Grenzwerte der Behörden nicht eingehalten werden können, bedeutet für die meisten Firmen, dass sie mit dem Bau einer vollständig neuen Abwasserreinigungsanlage zu beginnen haben. Einen anderen Weg versuchte die Roche (India) Ltd. Die Werkleitung begann mit der Suche nach einer Reinigungsmethode, die den lokalen klimatischen Bedingungen entsprach. So wurde ein bekanntes Verfahren weiterentwickelt, das belastetes Wasser mittels Wasserhyazinthen reinigt. Diese Pflanzen sind in den Tropen und Subtropen vor allem wegen ihrer negativen Eigenschaften berühmt geworden: Bewässerungs- und Entwässerungskanäle werden innert kürzester Zeit überdeckt, der Sauerstoff in den Gewässern wird abgebaut und die Verdunstung des Wassers gefördert. Ferner entstehen neue Brutplätze für Insekten und damit Krankheitsüberträger. Neu ist aber, dass auch die positiven Eigenschaften der Hyazinthen genutzt werden können. Die Pflanzen eignen sich gut zur Reduktion von Schadstoffen. Ziel ist es, das gereinigte Wasser zu einer Qualität zu bringen, die eine Bewässerung für eine pflanzliche Produktion ermöglicht. Erste Versuche wurden bereits auf dem Werkgelände erfolgreich durchgeführt. Ein Hauptproblem scheint hingegen noch nicht gelöst. Die Wasserhyazinthen

müssen relativ häufig geerntet werden. Wegen der Anreicherung mit Schwermetallen und anderen Schadstoffen ist die Entsorgung dieser Biomasse sehr problematisch und kann meist nur mit einer Lufttrocknung und anschliessender Verbrennung gelöst werden.

(3) Bis vor kurzem befand sich die Tankanlage für die Lösungsmittel unter Grund. Es wurden vor allem Lösungsmittel mit tiefem Siedepunkt wie Methylenchlorid, Aceton, Äther etc. gespeichert. Bei einer solchen Situation besteht die Gefahr, dass ein durch eine Fehlmanipulation (z.b. Einfüllen einer starken Säure anstelle eines vorgesehenen Lösungsmittels) entstehendes Leck nicht früh genug festgestellt und der Boden in hohem Masse mit schwer abbaubaren Stoffen kontaminiert werden kann. Roche (India) Ltd. ist in ihrem Werk in Thana in den letzten zwei Jahren dazu übergegangen, neue doppelwandige Tanks zu bauen. Zwischen den beiden Wänden wurde eine Flüssigkeit eingefüllt. Sobald durch ein Leck in der Innenwand ein Lösungsmittel ausfliessen sollte, kann dies durch eine Veränderung der Leitfähigkeit der Isolationsflüssigkeit sofort festgestellt werden. Durch den damit ausgelösten Alarm kann eine potentielle Kontamination des Erdreichs rechzeitig verhindert werden.

Zusammenfassend können wir feststellen, dass im Bereich der Verringerung der Störfallrisiken und der Abwasserreinigung Massnahmen zum Schutze der Umwelt getätigt wurden. Innovativ scheint insbesondere die biologische Abwasserreinigung mit Wasserhyazinthen, die den tropischen Verhältnissen angepasst ist, auch wenn die Entsorgung des kontaminierten Pflanzenmaterials noch nicht gelöst ist. Weitere Massnahmen sind im Gebiet der Feststoffverwertung und der Luftreinhaltung geplant. Da die indischen Produktionsstätten ihre Investitionen aus eigenen Erlösen decken müssen, werden diese Pläne nur nach und nach realisiert.

Der Konzernbereich Sicherheit und Umwelt in Basel führt regelmässig Umwelt-Audits in den verschiedenen Tochterfirmen durch. Dabei wird geprüft, ob die Firmen die Konzernrichtlinien einhalten. Zum einfachen Erkennen der Probleme im Umweltbereich wird schematisch eine Materialflussbilanz erstellt (Darstellung 3-5). F. Hofmann La Roche ist die einzige uns bekannte Firma, die im Sinne eines betrieblichen Umweltinformationssystems Schadstoffemissionen und Abfallemissionen konzernweit konsequent erfasst und auswertet.

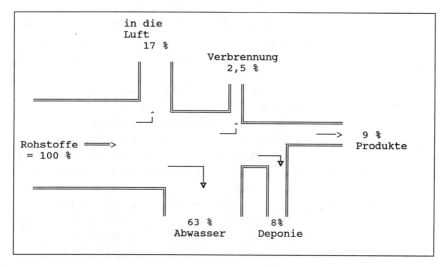

Darstellung 3-5: *Die Materialflussbilanz für das Werk Thana zeigt, welche Anteile des Roh-stoffinputs (100%) in die Luft, ins Wasser, (vor Abbau der organischen Bestandteile in der ARA) auf eine Deponie gelangen und welcher Anteil als Produkt erscheint (Zahlen Roche Basel, für 1989).*

3.4.6 Ciba-Geigy

Die Ciba-Geigy wurde von uns 1988 als erste Firma für eine Zusammenarbeit im Rahmen eines Fallbeispieles angefragt. Aus dem ersten sehr positiven Kontakt entwickelte sich eine intensive Zusammenarbeit. Die grosse Anzahl der Gesprächspartner ist Zeichen der Hilfs-bereitschaft der Ciba-Geigy, aber auch Ausdruck der breiten Abstützung unserer Frage-stellung innerhalb verschiedener Bereiche des Konzerns. Die Ciba-Geigy unterhält in 22 Entwicklungsländern Forschungs- und Produktionsbetriebe, die 15% des Gesamtumsatzes erzielen. Aber im Gegensatz zur Firma Nestlé, die einen noch grösseren Teil ihrer Wert-schöpfung in Ländern des Südens ausweist, werden bei Ciba-Geigy Fragen zu Möglichkei-ten und Grenzen des dortigen Umweltschutzes offen diskutiert und in Publikationen auch dargestellt.

Die folgenden Ausführungen basieren auf zahlreichen Informationen aus den Werken Basel, Goa und Bombay in Indien, Camaçari, Belém, Rio de Janeiro und Taboa da Serra in Brasilien sowie Jakarta in Indonesien. Ökologische Aspekte des Werkes IQR in Resende (ebenfalls Brasilien) wurden hingegen bereits im Zusammenhang mit der Firma Sandoz diskutiert (Kap. 3.4.4).

Anlässlich der verschiedenen Besprechungen dort wurde uns ermöglicht, auch einige Umweltschutzmassnahmen in Basel zu besichtigen. Damit erhielten wir für unsere späteren Untersuchungen eine Vergleichsbasis des technisch Möglichen. Insbesondere Informationen zu den Anlagen der 'Pro Rheno' und ein Besuch (zusammen mit der Delegation einer brasilianischen Umweltbehörde) der Verbrennungsanlage chemischer Rückstände waren höchst aufschlussreich. In verschiedenen Betrieben in weniger entwickelten Staaten diskutierte die Ciba-Geigy zur Zeit unserer Untersuchung den Bau einer Verbrennungsanlage. Die bestehende Anlage auf dem Werkgelände in Basel ist mit seiner Jahreskapazität von 3000 Tonnen von der Grösse her vergleichbar mit denjenigen, die an verschiedenen Standorten in Brasilien und Indien geplant oder bereits in Betrieb sind. Neben dem eigentlichen technischen Vorgang waren für uns die organisatorischen Massnahmen rund um die Verbrennung des stark toxischen Materials von Interesse. Sicherheits-, aber auch Optimierungsüberlegungen der Verbrennung machen erforderlich, dass die Lieferung der Rückstände aus den verschiedenen Produktionsbetrieben auch intern mit einem ausgeklügelten Informationssystem präzise kontrolliert wird.

Seit einiger Zeit verlangen die Umweltbehörden von Sao Paulo von der dortigen Ciba-Geigy den Bau einer Sonderverbrennungsanlage für das Werk in Tabao da Serra. Ciba-Geigy entwarf darauf ein Projekt für einen Ofen mit einer nachgeschalteten ARA für eine Investitionssumme von 15 Mio. Franken und konnte damit den Anforderungen der Umweltbehörden genügen. Da dieses Projekt aber Ciba-Geigy-intern bei den zuständigen Divisionsgesellschaften keine Mehrheit finden konnte, wurde es für mehrere Jahre aufs Eis gelegt. In den folgenden Jahren musste das Werk daher die Rückstände zwischenlagern. Ein neues Konzept, das die Anlage zur Verbrennung von chemischen Rückständen als Profitcenter sieht und die Investitionen auf 9 Mio. Franken reduzierte, scheint nun von den zuständigen Entscheidungsträgern bewilligt zu werden. Abklärungen des lokalen Verbandes chemischer Unternehmungen haben ergeben, dass in der Region Sao Paulo jährlich etwa 6500t Rückstände verbrannt werden müssen. Aufgrund dieser Untersuchung sieht Ciba-Geigy vor, drei Viertel der geplanten Verbrennungskapazität für fremde Firmen zur Verfügung zu stellen. Bei geplanten Betriebskosten von 1150 SFr. und Marktkosten von 3000 SFr. pro Tonne zu verbrennender Sonderabfall rechnet Ciba-Geigy damit, den Ofen kostenneutral betreiben zu können. Für dieses Projekt liess Ciba-Geigy freiwillig für 35'000 SFr. eine UVP erstellen. Die Studie, die uns in einer Kopie vorliegt, erwartet durch den Betrieb des Ofens weder für die Luft noch für den Vorfluter eine nennenswerte Belastung. Immerhin muss betont werden, dass die vorliegende UVP z.T. auf relativ alte Publikationen über mögliche Umweltbelastungen (Anfang der achtziger Jahre) basiert. Auch sind der Arbeit zum Teil Grenzwerte zugrunde gelegt, die heute im Staate Sao Paulo überholt sind (z.B. NO_x, Staub).

Für ein Projekt in der Nähe von Belém wurde hingegen keine Umweltstudie erstellt. Es sollten dort Passionsfrüchte und eine Pflanze, die zur Extraktion eines pharmazeutischen Wirkstoffes für ein Leberpräparat der Zyma dient, angebaut werden. In einem Joint Venture zusammen mit der schweizerischen Rivella AG sollte der Saft der Passionsfrucht für die Herstellung von 'Passaia' gewonnen werden. Doch die maschinell gerodeten Plantagenflächen waren nicht so ertragsreich wie erhofft. Dies aus zwei Gründen: Einerseits war der Boden durch die schweren Raupenfahrzeuge (zur Rodung) zu stark verdichtet worden, und andererseits behinderte die häufige Bewölkung (Zenitalregen täglich ab 13.00) die Befruchtung der Passionspflanzen, welche nur bei Sonne blühen. Zu den ökologischen Problemen kamen noch ökonomische. Die Weltmarktpreise wurden durch die subventionierte Produktion von Passionsfrüchten in Peru, Kolumbien und Kenya so gedrückt, dass Ciba-Geigy mit ihren im internationalen Vergleich recht hohen Lohnkosten nicht mehr konkurrieren konnte.

In bezug auf Investitionen für den betrieblichen Umweltschutz ergab sich im Werk in Camaçari eine spezielle Situation. Etwa 60 km nördlich von Salvador da Bahia befindet sich der grösste Industriepark der südlichen Hemisphäre. Auf einer Fläche von 250 km^2 produzieren über 60 Firmen vor allem chemische und petrochemische Produkte. Die Ver- und Entsorgung wird durch eine genossenschaftliche Organisation zentral geleistet. Feste Abfälle werden deponiert und in Zukunft auch verbrannt, Abwässer in einer zentralen Kläranlage gereinigt und mit einer Tiefseeleitung ins Meer geleitet. Seit 1981 produziert auch die Ciba-Geigy in diesem 'Polo Petroquimico' Agrochemikalien und Additive für Kunststoffe. Die ideale Entsorgungssituation war einer der Hauptgründe für die Wahl des dortigen Produktionsstandortes. Durch eine Beteiligung von 3,5 Mio. SFr. an die Investitionskosten der zentralen ARA kann das Werk im Vergleich z.B. zum Werk der Ciba-Geigy in der Nähe von Rio de Janeiro das Abwasser zu einem 50 - 60 % billigeren Preis klären lassen. Pro m^3 Wasser mussten 1990 etwa SFr. 2.50 oder pro kg BOD_5 (biologische Last) SFr. 1.80 bezahlt werden.

Neben Umweltschutzmassnahmen nach dem 'End of the pipe'-Konzept werden in der industrialisierten Welt vermehrt auch Veränderungen im Produktionsprozess gesucht, die ein Entstehen von Abfällen, Abwasser und belasteter Abluft so weit wie möglich vermeiden. Wir befragten alle unsere Interview-Partner immer wieder nach Beispielen solchermassen motivierter Anpassungen der Produktion in weniger entwickelten Ländern. Eines der wenigen uns konkret geschilderten Beispiele betrifft ein Werk zur Farbstoffherstellung der Ciba-Geigy in Indonesien (Schaad, 1991). Bei der Reinigung der Produktionsanlagen und der Gebinde in der Farbstoffproduktion fallen beträchtliche Mengen an Abwasser an. Farbstoffe werden mit Blick auf ihre Verwendung in der Textilfärbung möglichst stabil gegenüber biologischen, chemischen und physikalischen Einwirkungen produziert. Diese, aufgrund ihrer zukünftigen Funktion positive Eigenschaft, ergibt in der Abwasserbearbeitung zusätzliche Probleme. Mit dem heutigen Stand in der Abwassertechnik ist es oft nicht möglich, die geforderten Abbauraten im Bereich des chemischen Sauerstoff-Bedarfs zu erreichen. Durch eine Neukonzipierung des Produktionsprozesses konnte die Entwicklung einen Beitrag an den Umweltschutz liefern. Das Reinigungswasser wird in einem geschlossenen System rezykliert. Aus Absatzgründen muss aber periodisch (hier ca. zweimal pro Woche) ein Farbwechsel in der Produktion vorgenommen werden. Um Verunreinigungen der neuen Farbe durch das Reinigungswasser der vorhergehenden zu vermeiden, wird das ganze Reinigungswasser ausgetauscht und bis zur nächsten Verwendung gespeichert.

Analog zu diesem Beispiel in Indonesien konnten wir in Brasilien erfahren, dass dort durch eine Modifikation der Herbizidherstellung Produkte heute in einem geschlossenen Wasserkreislauf hergestellt werden können und damit die Belastung der Abwasser deutlich verringert worden ist.

Auch die indischen Werke haben nach Veränderungen der Produktionsprozesse zum Schutze der nichterneuerbaren Ressourcen oder der Energieträger gesucht. Die neu entwickelten Verfahren scheinen sich nicht nur ökologisch, sondern auch finanziell auszuzahlen. So konnte das Santa Monica Werk in Goa einige Beispiele nennen, die dem Grundsatz 'PPP-Prinzip' (pollution prevention pays) gerecht wurden: Reduktion der Lösungsmittelverluste, Recycling von Kühlwasser oder Rückgewinnung von Methyl-Chlorid.

Im Werk in Goa besteht seit 1972 eine eigene ARA, die durch Investitionen von insgesamt 5 Mio. Franken periodisch auf den neuesten technischen Stand gebracht wurde. Ciba-Geigy erhielt dadurch in Indien in der Abwassertechnik eine führende Rolle und wurde verschiedentlich von anderen chemischen Firmen um Beratung gebeten.

Die bereits bekannte Art einer Materialbilanz (Kap. 3.4.5) soll auch für das Werk in Goa (Darstellung 3-6) die ökologisch sensiblen Bereiche zeigen. Die Produktion erscheint hier sehr rohstoffeffizient. Mengenmässig erscheint fast die Hälfte der Rohstoffe in den Produkten wieder. Unklar ist aber bei diesen Angaben des Betriebsleiters von Goa, welcher Anteil an festen Abfällen auf der Deponie oder in der Verbrennungsanlage entsorgt wird.

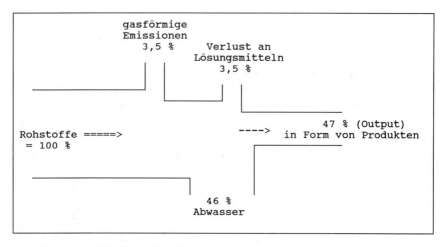

Darstellung 3-6:   *Die Materialflussbilanz aggregiert für das ganze Werk Goa zeigt, welche Anteile des Rohstoffinputs (100%) in die Luft oder ins Abwasser gelangen und welcher Anteil als Produkt erscheint (Zahlen mitgeteilt von Herrn Huber, Ciba-Geigy, Goa 1990).*

Zur Zeit unserer Untersuchungen wurde auf dem Betriebsgelände von Goa der erste Verbrennungsanlage für chemische Rückstoffe im südlichen Indien gebaut. Auch hier scheint die Ciba-Geigy modernste Umwelttechnologie vom Mutterhaus in Basel nach Indien zu transferieren.

Wie bereits in Kapitel 2.4 angetönt, fehlen den Umweltbehörden in den meisten Entwicklungsländern die technischen und finanziellen Möglichkeiten, um den Vollzug von Umweltschutzverordnungen zu überprüfen. Zur Überbrückung dieses Missstandes entwickelte sich in Bombay eine interessante Zusammenarbeit zwischen Ciba-Geigy und dem Staat, indem der örtliche 'Pollution Control Board' zum Teil Proben in die Analyse Labors von Ciba-Geigy (u.a.) geben darf. Ein strenger Vollzug der bestehenden Gesetze ist ganz im Sinne von Ciba-Geigy. So wird gewährleistet, dass auch die Konkurrenz mit weniger strengen internen Kontrollorganen die staatlichen Gesetze befolgen muss und Umweltsbelastungen vermehrt in ihre Produktionskosten internalisieren muss.

Fassen wir die Anstrengungen des technischen Umweltschutzes der letzten Jahre in Brasilien und Indien zusammen, so hat die Ciba-Geigy folgende Investitionen unternommen:

Werk	ARA Invest-Kosten (Mio. SFr.)	Betriebs-Kosten (SFr./m³)	Filter Mio. SFr.	Verbren-nungsanlage Mio. SFr.	Rückhalte-becken SFr.
Estrada da Colégio,Rio	4,5	6	??	----	??
Tabao da Serra, S.P.	1,5		10	7	400'000
Camacari-Bahia	4,5	2,7.-	??	----	??
Sta.Monica, Goa, India	5	1	----	7	600'000

Darstellung 3-7:   *Umweltschutzinvestitionen 1982-1992 der Ciba-Geigy Quimica S.A. in Brasilien (interne Zahlen mitgeteilt von Herrn Greuter, Ciba-Geigy Sao Paulo)*

Immer wieder wird betont, dass multinationale Konzerne ihr internationales Verbindungs-netz zum Zwecke des Transfers von Umwelttechnologie nutzen könnten. In der Division Farben und Chemikalien offeriert eine Gruppe von Umwelttechnikern einen Beratungs-dienst auf dem Gebiet der Ökologie. Dieser Dienst kann von allen Konzerngesellschaften, aber auch von Kunden aus der Textilindustrie in Anspruch genommen werden. Obwohl der Ökologieservice aus Gründen der Personalstärke primär für Probleme im Stammhaus zuständig ist, wurden bereits Beratungen für einzelne Firmen in weniger entwickelten Län-dern durchgeführt.

Im weiteren zeigt sich die Ciba-Geigy im Bereich der Kommunikation vorbildlich. In prak-tisch allen Publikationen zu Aktivitäten in Entwicklungsländern wird explizit auf die Frage des umweltverträglichen Wirtschaftens eingegangen.

Seit Anfang 1990 hat die Ciba-Geigy mit dem 'Risikofonds Dritte Welt' ein Instrument, um ausgewählte Investitionen in Entwicklungsländern, die aus rein wirtschaftlichen Kriterien nicht getätigt würden, finanziell zu unterstützen. Ausgewählte Projekte mit einer längeren Anlaufzeit können während drei bis fünf Jahren mit bis zu 10 Millionen Schweizer Franken unterstützt werden (Ciba-Geigy 1990: 35). Auch Umweltschutzprojekte sind typischerweise Projekte, die erst mittelfristig kommerzielle Ziele erfüllen können. So erstaunt es nicht, dass der 'Ausschuss Dritte Welt' der Ciba-Geigy bereits zwei Projekte zum Thema Umwelt-schutz zur Unterstützung durch den 'Risikofonds Dritte Welt' ausgewählt hat. Die Verwen-dung agrochemikalischer Produkte durch die Kleinanwender soll verbessert werden. Dazu wird in Mexico, Simbabwe und Indien vorerst eine Untersuchung und später ein Intensiv-Trainingsprogramm unterstützt. Ein zweites Projekt mit einem ökologischen Ziel betrifft die Ursachenbekämpfung von Umweltdegradationen durch Heuschreckenplagen. Diese Naturereignisse sind weder zeitlich prognostizierbar noch in ihrem Ausmass quantifizierbar. Damit sind sie 'für die Agro-Industrie kein attraktives Marktsegment' (Ciba-Geigy, 1990: 38). Der Risikofonds unterstützt nun die Entwicklung eines Heuschreckenparasiten, der in Zukunft mithelfen soll, Plagen von regionalem Ausmass zu vermeiden.

Zusammenfassend sehen wir, dass die Ciba-Geigy klar erkannt hat, welchen Wert ein Image der Umweltverträglichkeit in der Öffentlichkeit darstellt. Sowohl in einem grossen Werk in New Jersey (Toms River) als auch am Produktionsstandort in Basel musste die Firma erfahren, wie schwierig es für einen Vertreter der chemischen Industrie sein kann, Bewilligungen für Modernisierungs- oder Erweiterungsbauten zu erhalten. Ciba-Geigy hat erfasst, dass die ökologischen Taten in Entwicklungsländern ebenfalls dazu beitragen können, ein Vertrauen der Öffentlichkeit in das Verantwortungsbewusstsein der Unternehmung gegenüber der Natur aufzubauen. Die Ciba-Geigy hat auch gezeigt, dass ein Konzern durchaus bereit sein kann, finanzielle Mittel freizustellen, um Projekte, die erst mittelfristig kommerziell rentieren werden, zu unterstützen. In diesem Sinne werden wir eine etwas erweiterte Idee des beschriebenen 'Risikofonds Dritte Welt' im Kapitel 5. wieder aufgreifen. Im weiteren sahen wir, dass eine Zusammenarbeit im Umweltschutzbereich auch zwischen sich zum Teil konkurrenzierenden Betrieben für alle Beteiligten (inkl. der Umwelt) von Vorteil sein kann. Ciba-Geigy war auch die einzige von uns befragte Firma, die sowohl in Indien als auch in anderen asiatischen Staaten die Möglichkeit sah, Umwelttechnologie an andere Firmen weiterzugeben.

Aus aktuellem Anlass sei am Rande erwähnt, dass das Volkssprichwort 'Vorbeugen ist besser als heilen' auch in bezug auf den industriellen Umweltschutz seine Gültigkeit haben kann. In einem Werk der Ciba-Geigy, das sich zwar nicht in einem Entwicklungsland, sondern in den Vereinigten Staaten befindet, müssen über 100 Mio. SFr. für vergangene Umweltsünden aufgewendet werden (Wigdorovits 1992: 2). Allein die Sanierung einer Deponie wird mehrere Millionen SFr. kosten. Hier lohnt sich ein Vergleich mit den Kosten, die bei einer sachgemässen Deponie entstehen. Die in Kap 3.4.3 beschriebene Deponie der IQR in Resende, an der Ciba übrigens mit 45 % beteiligt ist, kostete ein halbe Million SFr. und wird zusätzlich alle 4 Jahre weitere 100'000 SFr. Investitionskosten für den Weiterausbau beanspruchen. Summieren wir die Investitionskosten und die Betriebskosten für die geplante Betriebszeit von 50 Jahren (ca. 3000 Jahrestonnen), so erhalten wir 8 Mio. SFr.

oder pro Jahr Deponiekosten von 160'000 SFr. Nehmen wir an, dass 50 % der Substanzen zu toxisch sind, um auf einer Deponie des Typs IQR gelagert zu werden, so müssen die Kosten für eine Verbrennungsanlage (wie ihn Ciba-Geigy in Goa oder Tabao baut) zusätzlich berücksichtigt werden. Die Entsorgungskosten für 3000 Tonnen chemischer Rückstände erhöhen sich dabei auf 1'500'000 SFr. pro Jahr. Diese Zahl muss nun in Relation gesetzt werden zu den Millionenbeträgen, die für die Sanierung von Altlasten einer Periode von fünf Jahren aufzuwenden sind.

3.4.7 BASF (Badische Anilin- und Sodafabrik)

Mit der BASF Brasileira S.A. wird zum Schluss der Betrachtungen über Chemie- und Pharmawerke zusätzlich eine deutsche Firma dargestellt. Es geht wie beim Kapitel zu Bayer (3.4.3) primär darum, indirekt zu untersuchen, welchen Stand die schweizerischen Anstrengungen zum betrieblichen Umweltschutz im internationalen Vergleich aufweisen.

Die BASF produziert in Brasilien über 2000 Endprodukte. Das Werk in Guaratingueta zwischen Rio de Janeiro und Sao Paulo war mit Abstand das grösste Chemiewerk, das wir besuchen konnten. Trotz dieser Grösse werden noch weitere Produktionsanlagen gebaut. Um die gesamte Umweltbelastung durch das Werk nicht unnötig zu erhöhen, werde aber seit kurzem jede neue Anlage einer internen UVP unterworfen.

Seit 1984 besteht eine Abwasserreinigungsanlage. Der Anreiz dazu ergab sich durch die damaligen Grenzwerte, welche von der regionalen Umweltbehörde bei multinationalen Firmen besonders streng vollzogen werden. Bereits zur Routine gehören interne Richtlinien, die verlangen, dass die einzelnen Produktionsbetriebe gewisse Stoffe abscheiden, bevor sie in die ARA geleitet werden. Wie auch bei IQR wird bereits in der Agrarproduktion im Abwasser gelöstes Kupfer zurückbehalten. Um den Klärschlamm zu entsorgen, wurde parallel zur ARA eine Deponie für Klärschlamm und chemische Rückstände gebaut. Hier waren es interne Richtlinien des Mutterhauses, die den Standard definierten. Die Deponie wurde nach dem Prinzip der doppelten Abdichtung gebaut (im Gegensatz zur Deponie IQR, siehe 3.4.3). Besonders toxische Stoffe können nicht in der Deponie entsorgt werden. Dadurch ensteht auf dem Werkgelände ein grosses Zwischenlager von chemischen Rückständen. Die Konkurrenzfirma Höechst AG befand sich in einer ähnlichen Situation. Sie entsorgt ihre Rückstände nun aber seit wenigen Jahren mit einer eigenen Verbrennungsanlage. Angespornt von dieser Lösung, begann die BASF daher ebenfalls mit der Planung einer solchen Anlage. Der Bau (Budget 8 Mio. SFr.) wurde aber durch die restriktive Geldmengenpolitik der brasilianischen Zentralregierung verzögert. Die BASF rechnet damit, dass in den ersten vier Jahren die Kapazität der Anlage mit der Verbrennung von eigenen

Altlasten sowie jenen der Schwesterfirma Glasurit do Brasil Ltda. voll ausgelastet sein wird. Im Gegensatz zur Ciba-Geigy sind keine Lohnaufträge zur Verbrennung von Sondermüll vorgesehen. Es wurde errechnet, dass die Abfälle eine grosse Wärmekapazität besitzen. Daher wird versucht, mit einem System eines Wärmetauschers den Ölverbrauch um 60% zu senken. Ein sensibles Mess- und Steuersystem soll gewährleisten, dass die Abgase den Normen der deutschen TA Luft von 1986 genügen.

Der Bereich der Lufthygiene wurde, wie in allen von uns untersuchten Werken, etwas vernachlässigt. Von seiten der Behörden werden nur Immissionsgrenzwerte festgelegt. BASF erwartet aber, dass die Umweltämter in naher Zukunft auch Emissionsgrenzwerte vorschreiben werden. Daher soll in einer ersten Phase ein interner Emissionskataster erstellt werden, der Auskunft gibt, wo in den 16 Produktionsanlagen Luftreinhaltemassnahmen nötig wären. Seit einiger Zeit wird auch an 20 Stellen unter dem Werkgelände das Grundwasser sukzessive auf seine Qualität untersucht.

Um das Vertrauen der Öffentlichkeit in die Firma zu stärken, wurde Anfang 1992 ein Umwelttelefon eingerichtet. Damit kann die umliegende Bevölkerung der Betriebsleitung Hinweise auf Umweltbelastungen geben. Ende 1992 werden zusätzlich Windmesser eingerichtet. Hiermit könnte im Falle einer ernsten Betriebsstörung mit einem Computerprogramm die Ausbreitung von Giftgasen prognostiziert und damit eine potentiell gefährdete Bevölkerungsgruppe alarmiert werden.

Zusammenfassend möchten wir darauf hinweisen, dass die einzelnen Komponenten des technischen und organisatorischen Umweltschutzes bei BASF in Guaratingueta aus ganz unterschiedlichen Motiven entstanden sind. Behördlicher Druck und die Antizipation von noch zu erwartenden Auflagen gehörten genau so dazu wie konzerninterne Richtlinien oder ein umwelttechnischer Vorsprung der Konkurrenz.

Wir können erkennen, dass die BASF in Brasilien wie auch die Bayer in Indien von den durch uns besuchten Firmen der chemischen und pharmazeutischen Branche den höchsten Stand an betrieblichem Umweltschutz aufweisen. Der Vorsprung gegenüber den schweizerischen Firmen ist unseres Erachtens auf zwei Faktoren zurückzuführen:

(1)   Die Grösse des Werkes: Die beiden deutschen Tochterwerke sind beide sehr gross und weisen daher die kritische Grösse auf, die für gewisse Massnahmen im Umweltschutzbereich notwendig ist (eigene Umweltschutzabteilung, Verbrennungsanlage etc.).

(2)   Eine konzernweite Umweltpolitik wurde durch die deutschen Firmen einige wenige Jahre vor den schweizerischen Firmen veröffentlicht und durchgesetzt. Der zeitliche

Vorsprung erklärt zum Teil den Unterschied bei unserer momentanen Standortbestimmung.

3.4.8 Zusammenfassung

Blicken wir auf dieses wichtige Teilkapitel zurück, so können wir folgende Punkte für unsere Untersuchung weiterverwenden:

(1) Klar kam eine Forderung nach einer weltweiten Harmonisierung der staatlichen Umweltpolitik zum Ausdruck. Sollen die industriellen Umweltbelastungen in den industriell-urbanen Räumen der weniger entwickelten Staaten abnehmen, wird die Eigeninitiative der Industrie allein nicht genügen. Die Umweltpolitik der Staaten wird auch grosse Veränderungen erfahren müssen. Damit umwelttechnisch aufgeschlossene Firmen nicht weiterhin komparativ benachteiligt sind gegenüber den vielen Firmen, die im Bereich des Umweltschutzes nur ungenügende Massnahmen ergreifen, muss der Staat klare umweltpolitische Signale setzen, damit der Markt umweltverantwortliches Produzieren entsprechend honorieren kann.

(2) Die Umweltschutzbehörden müssen sich mit einer klaren Linie ihrer Aktionen zu einem verlässlichen und berechenbaren Partner für die Industrie wandeln.

(3) Kontakte zwischen Investoren und Umweltministerium müssen in einer frühen Planungsphase eingeleitet und institutionalisiert werden. Damit können rechtzeitig effiziente Lösungen angestrebt und Sachzwänge vermieden werden.

(4) Die potentiellen Investoren müssen sich verpflichten, gewisse Umweltdaten frühzeitig zu erfassen. Damit kann rechtzeitig die Belastbarkeit eines Standortes abgeschätzt werden.

(5) Klare Umweltschutzkonzepte müssen bereits Bedingung in den ersten Bewilligungsverfahren sein.

(6) Um die Konzernleitlinien in einem Betrieb erfolgreich umzusetzen, muss sowohl der Einsatz von neuen Produktionsverfahren als auch von Entsorgungstechnologien überprüft werden. Zusätzlich müssen auf der organisatorischen Ebene entsprechende Grundlagen geschaffen werden. Dazu gehört, dass ein leitender Mitarbeiter entsprechend ausgebildet und mit genügend Kompetenzen versehen wird, damit er die Umweltschutzmassnahmen initiieren und koordinieren kann.

(7) Die Unternehmungen müssen bereit sein, die begonnenen Konzepte zum Schutze der Umwelt, die zum Teil noch Stückwerk sind, in einer raschen Terminierung zu vervollständigen.

(8) Insbesondere sollten multinationale Unternehmungen gewisse Verantwortung wahrnehmen und ihren technologischen Vorsprung für innovative Antworten auf die ökologische Herausforderung nutzen.

(9) Um eine optimale Abwasserreinigung zu erreichen, reicht die modernste ARA schweizerischer Bauart allein nicht. Mit einigen organisatorischen Massnahmen muss ein innerbetriebliches Abwassermanagement angestrebt werden. Dieses verlangt von den einzelnen Produktionsanlagen eine genaue Definition und eine möglichst konstante Konzentration der Fremdstoffe (evtl. durch eine Vorneutralisation) und grösstmögliche Massnahmen zur Reduktion der Fremdstoffe am Ort der Entstehung. Beste Erfahrungen können durch das Bilden von 'ökologischen Profitcenters' erzielt werden. Für die zentralen Dienste (ARA oder Verbrennungsanlage) eines Werkes wird jeder Produktionsanlage, z.b. proportional zur Konzentration oder zur Menge der abgelieferten Fremdstoffe, innerbetrieblich eine Gebühr berechnet.

(10) Umwelttechnologie-Anlagen sind zum Teil sehr kapitalintensiv. Viele Firmen in den weniger entwickelten Ländern sind allein zu klein, um ihre Umweltprobleme zu lösen. Nun sind in diesen Gebieten die Industriefirmen typischerweise oft in sogenannten Industrieparks angesiedelt. In solchen Gegenden müssen benachbarte Unternehmungen vermehrt die Zusammenarbeit in ökologischen Fragen untereinander suchen.

(11) Der Staat muss (evtl. mit Unterstützung von ausländischen Geldgebern) im Sinne von regionalen Konzepten zusammen mit den Firmen Strukturen anstreben, die z.B. die zentrale Entsorgung von Reststoffen sicherstellt.

Als Abschluss dieser Zusammenfassung seien in der Darstellung 3-8 noch einige monetäre Werte des Umweltschutzes mit den üblichen finanzwissenschaftlichen Werten verglichen. Die dabei verwendeten Begriffe richten sich nach den Definitionen der Geschäftsberichte. Umsatz = Erlös aller verkauften Güter und Dienstleistungen; Aufwand = Herstellungskosten der zur Erzielung der Umsatzerlöse erbrachten Leistungen + Vertriebskosten + Verwaltungskosten + Forschungskosten + sonstige betriebliche Aufwendungen; Umweltaufwand = Betriebskosten der Umweltschutzmassnahmen absolut und im Verhältniss (%) des Gesamtaufwandes ausgedrückt ; Invest = Investitionen in Sachanlagen; Umwelt-Invest: Investitionen in Umwelttechnologie; R&D: Forschung und Entwicklung; R&D-Umwelt: direkter Forschungsaufwand für den Umweltschutz.

	Umsatz Mrd.	Aufwand Mrd.	Umwelt Aufwand Mio.	Invest Mrd.	Umwelt Invest in Mio.	F&E Mrd.	F&E Umwelt Mio.
Bayer (1989)	37	34		3,3	528	2,4	
Bayer AG (BRD)	16,3	15,5	1070	1,3	274	1,1	424
Bayer (India)	0,1		1		0,6		
Ciba-G. (1990)	19	19	445	2,0	11,8	2,0	
Ciba-G. Basel	6,8	7,2	200	0,32	40,1		
Ciba-G: India	0,17	0,1			2,8		
Ciba-G. Brasil	0,63				1		
Sandoz (1989)	12,5	11,8	331	1,2	209	1,1	
Sandoz Basel	2,7	2,6		0,28	111	0,6	
Sandoz IQR		0,072			10,3	0,5	
Sandoz India	0,15	0,14		0,004			0,015
Roche (1989)	9,6	8,4	70	0,9	98	1,2	
Roche Basel	3,2	3,5	20	0,25	29	0,5	
Roche India	0,045	0,044	0,2	0,004	2	-	
BASF (1989)	42,3	40,8		3,5		1,7	
BASF BRD	20,1	18,8	841	1,4	309	1,3	
BASF Brasil	0,125			0,0081			

Darstellung 3-8:   *Finanzieller Aufwand für den Umweltschutz im Vergleich zu wichtigen Finanzkennzahlen für die untersuchten Firmen der Branche Chemie und Pharma (Eigene Erhebungen sowie in Geschäftsberichten publizierte Daten: BASF 1990, Bayer 1990, Ciba-Geigy 1991, Roche 1990, Sandoz 1990a, Sandoz 1990b; 100 DM = 90 SFr.)*

3.5 Keramik- und Baustoffindustrie

3.5.1 Zementindustrie

Für die Ausführungen zur Zementindustrie stützen wir uns auf die Informationen des weltgrössten Zementherstellers, der Holderbank AG. Sie stellte uns eine Machbarkeitsstudie zu einem geplanten Werk in Indien zur Verfügung und ermöglichte uns einen zweitätigen Besuch bei Ihrem Werk in Pedro Leopoldo, in der Nähe von Belo Horizonte in Brasilien.

Bei der Zementfabrikation sind aus ökologischer Sicht vor allem Fragen der Lufthygiene und des Landschaftsschutzes (Abbau des Rohstoffes) zentral. Zusätzlich interessierte uns die Frage, ob ein Zementofen wegen seiner hohen Prozesstemperaturen allenfalls als Entsorgungsanlage für brennbare Abfälle dienen könnte.

Zum Brennen des Kalksteins und des Tons sind im wesentlichen zwei verschiedene Verfahren möglich: ein Nass- und ein Trockenverfahren. Beim ersten wird das Rohmaterial mit Wasser zu einem Schlamm vermahlen und nachher gebrannt. Im Trockenverfahren wird das Rohmaterial hingegen zuerst getrocknet und dann gebrannt. Ökologisch relevant ist, dass bei der zweiten Methode bis zu 50 % Energie sowie eine grosse Menge an Wasser gespart werden können.

In ihrem geplanten Werk in Indien wählt die Holderbank das energieschonende Trockenverfahren. Zusätzlich sollen die heissen Ofenabgase zur Erzeugung elektrischer Energie wiederverwendet werden. Im Bereich des Landschaftsschutzes fehlt ein geplantes Wiederaufforstungsprogramm. Das Zementwerk und die Kalksteinbrüche liegen in einem Gebiet mit traditionellerweise sehr dichter subtropischer Vegetation, die durch den Abbau von Ton und Kalkstein dezimiert werden. Der ursprüngliche Zustand soll nach Beendigung des Abbaus sukzessive wiederhergestellt werden.

Die staatlichen Vorschriften in bezug auf Abwasserqualität sind in Indien bereits recht streng. Kaum kontrolliert werden hingegen Belastungen der Lufthygiene. In wenigen Jahren werden aber auch hier innovative Lösungen sehr gefragt sein. In der Zementfabrikation entstehen beim Brennen des Kalksteins nennenswerte CO_2- und selten SO_2-Emissionen. Während die CO_2-Emissionen prozessbedingt sind (Dekarbonisierung des Kalksteins) können die Schwefelverbindungen durch spezifisch geeignete Rohmaterialien und Brennstoffe sowie durch eine Überwachung des Brennprozesses nahezu völlig ausgeschlossen werden. Ein weiterer Problemkreis stellt die Staubentwicklung dar. Hier kann durch geeignete technische Anlagen (Filter o. ä.) eine Lösung gefunden werden. Im geplanten Werk der

Holderbank soll dies gelingen. Sowohl die Luft aus der Rohmaterialverarbeitung (Mahlwerk) als auch die Abluft des Brennofens werden in einem speziellen elektrostatischen Filter entstaubt. Es wird mit einer 50 % geringeren Staubemission gerechnet, als offiziell erlaubt wäre.

Das Werk Ciminas in Brasilien könnte mit seiner Kapazität von 2,5 Mio. t Klinker 8 % der brasilianischen Nachfrage befriedigen. Zur Zeit unseres Besuch waren die Ofen aber nur zu 50 % ausgelastet.

Brenn- stoff	Anteil H_2O	unterer Heiz- wert in Kal/t	Preis in SFr./t	Preis pro Giga Kal. trocken
Erdöl	0 %	9600	187.10	19.50
Kohle normal	5 %	5200	90.30	17.40
Kohle schwefelarm	13 %	6500	97.20	20.70
Kohle aus Südafrika	8 %	6400	106.85	16.70
Holzkohle	15 %	5650	47.35	8.40

Darstellung 3-9:   *Physikalische und ökonomische Eigenschaften verschiedener fossiler Energieträger (Zahlen von CIMINAS S.A. 1991 zur Verfügung gestellt)*

Die Darstellung 3-9 soll den Konflikt illustrieren, den ein Produzent von Klinker und Zement lösen muss. Zur Herstellung von 1 kg Klinker werden Brennstoffe mit einem Heizwert von etwa 800 Kilokalorien benötigt. Die Brennstoffe unterscheiden sich bezüglich Heizwert (Wasseranteil) und bezüglich der chemischen Eigenschaften. Aus prozesstechnischen Gründen ist vor allem der Schwefelanteil relevant (interne Schwefelkreisläufe im Brenner). Je nach Zusammensetzung variiert der Anteil von Natriumoxyd und Kaliumoxyd (Alkaligehalt) des Rohstoffs. Bei hohem Alkaligehalt kann ein Teil des Schwefels in Form von SO_3 im Klinker gebunden werden. Herrscht hingegen ein Überangebot an Schwefel, so kann das zu prozesstechnischen Problemen und in gewissen Fällen zu SO_2 Emissionen führen. Holzkohle ist schwefelfrei, die Kohle aus dem Süden von Brasilien (Rio Grande do Sul) schwefelarm (<1 %). Die übrigen Brennstoffe (Kohle aus dem näheren Santa

Catarina oder Schweröl mit Pipeline und Lastwagen) enthalten ein Übermass an Schwefel (>3 %).

Aus finanziellen und aus prozesstechnischen Überlegungen müsste die Wahl auf eine Kombination von Holzkohle und Erdöl fallen. Die Wälder der Gegend sind aber zu früherer Zeit zum grossen Teil der Metallverhüttung zum Opfer gefallen. Aus ökologischen Gründen kann daher nur Holzkohle aus Wiederaufforstungen verwendet werden. Holzkohle dieser Art ist nicht in genügendem Masse vorhanden, so dass die CIMINAS 55% ihres Brennstoffbedarfs andersweitig decken muss. Dabei gilt es nun, ökologische und ökonomische Ziele zu koordinieren. Die schwefelarme Kohle aus dem Süden Brasiliens wäre zwar ökologisch gesehen sinnvoller, ist aber aus Gründen der Knappheit und der langen Transportwege signifikant teurer als die übrigen Brennstoffe.

Für das geplante Werk in Indien stellt sich im übrigen ein ähnliches Problem. Dort wird vom Staat nur eine schwefelhaltige Kohle (über 4 % S -Anteil) in Aussicht gestellt. Das Problem der Entschwefelung kann technisch auf verschiedene Arten gelöst werden:

(1) durch gezieltes Beimischen von schwefelbindenden Oxyden

(2) mittels einer Entschwefelungsanlage, die eine Investition in der Grössenordnung von 20 Mio. SFr. bedeuten würde (das entspricht etwa 10 % der Investitionskosten einer durchschnittlichen, modernen Klinker- und Zementfabrik)

(3) durch einen 'Bypass'. Im Verlauf des Brennprozesses verändern sich die chemischen Eigenschaften des Klinkers. In gewissen Bereichen reichern sich Elemente an und später nimmt ihre Konzentration wieder ab. Ist der Punkt bekannt, wo sich der Schwefel in den Brenngasen angereichert hat, kann dort gezielt mit einem 'Bypass' schwefelreiches Gas entnommen werden.

In der Trockenzeit stellt die Lagerung und der Transport der Holzkohle auf dem Werksgelände von Pedro Leopoldo ein besonderes Problem dar. Der sehr feinkörnige Brennstoff wird durch den Wind in erheblichem Masse verfrachtet. Die Betriebsleitung versucht nun mit einem Bindemittel das Problem zu Lösen.

Bei Brennvorgängen mit hohen Temperaturen entstehen in der Regel beachtliche Mengen an Stickoxyden. Diese Emissionen sind in Brasilien noch nicht limitiert. Sobald ein Grenzwert festgelegt werde, will das Werk in Pedro Leopoldo mit der Messung der NOx-Emissionen beginnen. Ein Ersatz der Brenner wird nicht zu vermeiden sein. Für die Messvorrichtung werden 150'000 SFr. nötig sein; die neuen Brenner sowie eine Ventilation werden Investitionen von 1,5 Mio. SFr. pro Ofen bedeuten. Diese Massnahmen sind aber auch prozesstechnisch sinnvoll; denn hohe Stickoxydemissionen lassen erkennen, dass zuviel Brennstoff verbraucht wird.

Abschliessend sei darauf verwiesen, dass in den letzten 16 Jahren ca. 600 Mio. SFr. in die Anlage in Pedro Leopoldo investiert wurden. 35 Mio. oder 5,5 % davon galten speziell der Rückgewinnung der Ressourcen und somit dem Schutze der Umwelt. Dieser hohe Wert wird dadurch etwas relativiert, als grosse Teile der investierten Summe durch Einsparungen im Rohstoffbereich bereits in kurzer Zeit wieder zurückfliessen. Ein Klinkerofen ohne jeglichen Filter ist daher heute nicht nur aus ökologischen Gründen unvorstellbar.

Speziell erwähnt werden muss noch die Möglichkeit, dass ein Klinkerofen sehr gut als Entsorgungstelle für Sondermüll dienen könnte. Die hohen Temperaturen und die grossen Mengen Klinker (über 2 Tonnen pro Minute) bilden eine ideale Voraussetzung, dass hoch toxische Stoffe vollständig verbrannt oder aber (in homöopathischen Mengen) in den Zement eingebaut werden. Es wurden bereits erfolgreich einige Versuche unternommen. Zur Operationalisierung dieser Entsorgungsart fehlen aber noch die Kunden und die behördlichen Bewilligungen.

3.5.2 Fallbeispiel INCEPA (Keramikindustrie)

Mit der Produktion von Boden- und Wandplatten sowie Sanitärkeramik in Brasilien trägt INCEPA S.A. , eine Tochterfirma der Keramik Laufen AG, mit über einem Drittel zum Konzernumsatz bei. Zwei der vier Produktionswerke, die im Bundesstaat Parana im Süden von Brasilien liegen, konnten von uns besucht werden. Die beiden Werke verzeichnen grosse Unterschiede.

Vor 40 Jahren wurde im Werk in Campo Largo (in der Nähe von Curitiba) mit der Produktion von keramischen Produkten gestartet. Etwa 200 Kilometer weiter südlich, in Sao Mateus, wurde in jüngster Zeit mit dem Bau eines modernen Werkes begonnen. Dieses neue Werk soll auch im Bereich des Umweltschutzes europäischen Normen genügen. Die Wirtschaftspolitik der brasilianischen Regierung hat die Investition allerdings verzögert. So konnte das Werk zur Zeit unseres Besuches nur einen kleinen Teil der geplanten Menge an keramischen Platten produzieren. Investitionen zum betrieblichen Umweltschutz mussten ebenfalls zurückgestellt werden.

Seit einiger Zeit befasst sich die Betriebsleitung im alten Werk von Campo Largo mit dem Problem der SO_2-Emissionen. Dort wurde versucht, mit einer Holzvergasung einen sauberen Brennstoff herzustellen. Nach mehrjährigen Tests musste dieses Projekt jedoch fallengelassen werden.

In Sao Mateus wurde seit Anbeginn versucht, einen neuen Weg einzuschlagen. Das Werk wurde in der Nähe einer Anlage gebaut, in der die staatliche Ölfirma Petrobras seit einigen Jahren ein neues Verfahren zur Produktion von Schweröl aus Ölschiefern erprobt. Quasi als Nebenprodukt entsteht ein sehr hochwertiges und sauberes (schwefelfreies) Gas, das INCEPA, als einziger Abnehmer, zum Brennen seiner Platten verwenden kann. Der Standort des neuen Werkes wurde also eindeutig durch diesen neuen und sauberen Brennstoff bestimmt.

Insgesamt wurden in den Werken von Campo Largo und Sao Mateus 45 Mio. SFr. investiert. Davon werden für den Umweltschutz nach Fertigstellung des Werkes in Sao Mateus Investitionen von vier Mio. SFr. engagiert sein (8,8 %). Drei Mio. SFr. sind für Filteranlagen und eine Mio. SFr. für die Abwasserreinigung geplant. Es handelt sich hierbei um den höchsten Wert, den eine von uns untersuchte Tochterfirma in einem Entwicklungsland für Umweltschutzmassnahmen zu zahlen bereit ist. Dieser Wert ist dadurch so hoch, weil - ähnlich wie bei der Zementfabrikation - die ganze Filteranlage und damit drei Viertel der Umweltinvestitionen zur Rückgewinnung von Rohstoffen dienen.

3.6   Aluminium-Produktion

3.6.1   Einleitung

Die Aluminiumproduktion kann grob in drei Phasen unterteilt werden. Zuerst wird aus Bauxit Tonerde extrahiert, dann wird mit einem elektrolytischen Verfahren aus der Tonerde Rohaluminium hergestellt. Dieses wird dann zu eigentlichen Konsum- oder Investitionsgütern verarbeitet. Während die erste Produktionsphase aus Gründen der hohen Transportkosten von Bauxit (60 % Volumenreduktion bei der Tonerdeherstellung) in der Nähe der Rohstoffvorkommen geschieht, wird die Aluminiumelektrolyse traditionellerweise an einem Standort mit billiger Energie durchgeführt. Die Alusuisse-Lonza AG ist an verschiedenen Produktionswerken in weniger entwickelten Ländern beteiligt. Aufgrund der aussenwirtschaftlichen Sachlage in Venezuela vermochte die Geschäftsleitung unser Forschungsprojekt nicht in geeigneter Art und Weise zu unterstützen. Trotzdem war es uns möglich, mit zwei längeren Interviews am Konzernsitz und dank dem Studium verschiedener interner Dokumente in bescheidenem Masse ein Fallbeispiel aufzuarbeiten.

3.6.2   Interalumina in Venezuela

Ende der siebziger Jahre baute Alesa, die Ingenieurfirma der Alusuisse-Lonza, zusammen mit lokalen Firmen in einer grossen Industriezone in Venezuela eine Tonerdefabrik mit einer Jahreskapazität von 1 Mio. t. Das Werk liegt am Orinoco River (250 km stromaufwärts) in einer grossen Industriezone. Zur Zeit der Planung verfügte der Staat über keine gültigen Umweltgesetzgebung für die Aluminiumproduktion. Dennoch war der Staat gewillt, in der Zeit des Ölbooms modernste Umweltschutztechnologie zu verlangen. In den Beratungen mit der Regierung wurde beschlossen, dem Bau und dem Betrieb der Tonerde-produktionsanlage die Luftreinhalteverordnung des amerikanischen Bundesstaates Louisiana (aus dem Jahre 1974) zu Grunde zu legen. Ausschlag für diesen Entscheid gab einerseits die vergleichbare demographische und industrielle Struktur der beiden Gebiete und andererseits die Tatsache, dass in Louisiana bereits Werke der Alusuisse-Lonza in Produktion standen.

3.6.3 Die Tonerdefabrikation

Der Bayer-Prozess (seit über 100 Jahren der übliche Prozess, um Tonerde aus Bauxit zu extrahieren) bringt mit konzentrierter Natronlauge unter erhöhter Temperatur das Aluminiumhydroxid in Lösung (Kaeslin 1975: 20).

$$Al_2O_3 \times 3H_2O + 2NaOH <=> 2NaAlO_2 + 4H_2O \text{ oder}$$
$$2Al(OH)_3 \times 2NaOH <=> 2NaAlO_2 + 4HOH$$

Je höher die Temperatur oder je konzentrierter die Natronlauge, desto leichter läuft der Prozess ab. Die nicht in Lösung gegangenen Reste des Bauxits werden Rotschlamm genannt.

In einem nächsten Schritt wird das Aluminiumhydroxid ($Al(OH)_3$) von der Natronlauge getrennt. Die Natronlauge kann für den Prozess wiederaufgearbeitet werden. Durch Kalzination (bei über 1150°C) wird in einem dritten Schritt das Aluminiumhydroxid in Aluminiumoxid (Al_2O_3) übergeführt. Als Resultat dieses Prozesses entsteht ein weisses Granulat, genannt Tonerde.

Zur Herstellung einer Tonne Tonerde werden folgende Rohmaterialien verwendet:

Bauxit	2464 kg
Natronlauge	107 kg
Kalk	35 kg
Ausflockungsstoff	5 kg
Filtermaterial (Kalk etc.)	1 kg
Wasser	3000 kg

3.6.4 Umweltmassnahmen

Bereits aus betriebsökonomischen Gründen werden viele Zwischenprodukte in den Produktionsprozess zurückgeführt. So wird die Natronlauge oder der Wasserdampf mehrmals rezykliert.

(1) Erstes Ziel ist eine möglichst vollständige Verbrennung von reinen fossilen Brennstoffen. Darum findet in unserem Fall schwefelfreies Gas Verwendung.

(2) Die hauptsächlichen Luftfremdstoffe sind feine Bauxit-, Tonerde- oder Kalkpartikel. Da es sich dabei um Rohstoffe handelt, liegt es im Interesse der Produzenten, den Verlust dieser Produkte möglichst klein zu halten. Beim Umladen werden die feinen Partikel durch eine 'Wasserdusche' gebunden. Auf dem Werkgelände ist je nach Herkunft des Rohmaterials eine unterschiedliche Lagerung vorgesehen. Potentiell Staub aufwirbelnder Bauxit wird gedeckt gelagert.

(3) Beim Kalzinationsofen werden mittels eines elektrostatischen Filter und eines Zentrifugalfilters Tonerdeteilchen sowie der gebrannte Kalk zurückgehalten.

(4) Am Produktionsprozess beteiligte Stoffe, die flüchtig sind, werden entsprechend in geschlossene Kreisläufe geführt. Es verdunstet einzig unkontaminierter Wasserdampf in die freie Atmosphäre.

(5) Die Entsorgung des mit Natronlauge kontaminierten Rotschlammes gilt bei der Tonerdeextraktion als die grösste ökologische Herausforderung. Zur Zeit des Ölbooms konnte die Alesa die modernsten damals bekannten Entsorgungsmethoden einsetzen. Der Rotschlamm wurde in natürliche Lagunen entlang dem Orinocco-Fluss geleitet. Pro Jahr werden dort 4'100'000 m^3 abgelagert (ALESA 1978 25). Dieses Volumen reduziert sich durch Sedimentation und Austrocknung auf einen Sechstel. Durch eine Vergrösserung der Dämme zum Fluss wurde sichergestellt, dass - ausser bei Hochwasser (entsprechend der Saison variiert der Orinoco mit einer Amplitude von über 10 m) - keine Kontamination der Umgebung, d.h. des Grundwassers oder des Flusswassers durch flüssige Fremdstoffe möglich war. Während den Hochwasserperioden gelangt wohl etwas Rotschlamm in den Fluss, doch soll dies im Vergleich zur Wassermenge, die mit Erosionsmaterial aus dem oberen Flusslauf gesättigt ist, vernachlässigbar sein.

Die verschiedenen Umweltschutzmassnahmen ergeben einen geschätzten Aufwand von 63 Mio. SFr. (Alesa 1978: 59).

3.6.5 Ausblick

Anfang der neunziger Jahre begann die mehrheitlich staatliche Interalumina eine dreifache Kapazitätserhöhung zu planen. Die Alusuisse, die zwar durch Management- und Know-how-Verträge engagiert ist, kapitalmässig aber nur geringe Anteile an dieser Firma besitzt, ist in der Lage, die Entsorgung nach dem heute neuesten Stand der Technik anzubieten. Dem venezolanischen Staat, als Mehrheitsbesitzer von Interalumina, fehlen die finanziellen Mittel für ein solches Entsorgungsverfahren des Rotschlamms. Die Anlage läuft nun Gefahr, nach der Erhöhung der Produktionskapazität in 5 Jahren ihre Entsorgungskapazität erschöpft zu haben.

3.7 Energiewirtschaft

3.7.1 Einleitung

Der Energieverbrauch stellt in Zusammenhang mit einer umweltverträglichen industriellen Produktion häufig eine Schlüsselgrösse dar. Wie wir bereits im Kapitel 2.4 dargestellt haben, kann der Staat mit seiner Energiepolitik das Umweltverhalten der Industriefirmen beeinflussen. Positiv beeinflussen, indem er im Preis der Energie sämtliche mit der Herstellung und dem Verbrauch verbundenen externen Kosten internalisiert; negativ beeinflussen, indem er die Energieträger zu subventionierten Preisen anbietet. Staatliche Firmen sind in vielen Entwicklungsländern die Hauptanbieter von Energieträgern. Einige unserer Interviewpartner haben auch darauf hingewiesen, dass es der Staat durch seine Verteilungspolitik der Energieträger vielen Unternehmern erschwere, umweltverträglich zu produzieren. Eine freie Wahl des Energieträgers müsste in der Tat aus ökologischen Überlegungen begrüsst werden. So eignen sich sehr schwefelhaltige fossile Brennstoffe zum Beispiel für die Produktion von Klinker (siehe 3.5.2.), nicht aber für andere Prozesse. Im folgenden soll nun auf Umweltaspekte, die direkt mit der Produktion (Umwandlung) von Energie im Zusammenhang stehen, eingegangen werden.

3.7.2 Fallbeispiel Belawan

Die Firma BBC hat Anfang der achtziger Jahre in Indonesien ein thermisches Kraftwerk gebaut. Dieses Projekt wurde durch einen Mischkredit von 152 Mio. SFr. durch die Schweiz mitfinanziert. In einer 1991 abgeschlossenen Studie unter der Leitung des BAWI erwiesen sich die ökologischen Folgen als sehr gravierend (Perusahaan Umum Listrik Negara et al. 1990). Das Grundwasser der nahen Grossstadt Medan wird zur Dampferzeugung übernutzt, so dass ein Eindringen von Meerwasser in den Grundwasserkörper droht. Weiter wird, ungeachtet der nationalen Grenzwerte, die Luft mit hohen SO_2-Konzentrationen und der Fluss thermisch mit Kühlwasser belastet. Die Sanierung der Anlage würde Umweltinvestitionen in der Höhe von über 100 Mio. SFr. nach sich ziehen. Dazu fehlen aber dem Staat die nötigen finanziellen Mittel und dem Investor die ökonomischen Anreize. Die Situation ist insofern paradox, als die Anlage wegen der Übernutzung der Wasserressourcen im besten Falle noch 10 Jahre Energie produzieren kann.

Die folgende Darstellung zeigt die finanziellen Folgekosten für eine umwelttechnische Aufrüstung der Anlage, wie sie in der durch die Schweiz ex post finanzierten Umweltverträglichkeitsstudie vorgeschlagen werden.

Massnahme	Invest.-Kosten	Betriebskosten
Luftreinhaltung - Entschwefelungsanlage oder - schwefelarmes Öl	52,5 Mio.	5-6 Mio. + 20 %
Grundwasserversorgung - Erschliessen ferner Quellen - Flusswasseraufbereitungsanlage	15 Mio. 37 Mio.	30'000
Verhindern einer Ölpest - Kontrolle der Dichtigkeit - Ölrückhaltemauer/Spundwände	0,09 Mio. 0,09 Mio.	
Umweltbeobachtung		190 Mio.

Darstellung 3-10: Umweltschutzinvestitionen, die im Werk Belawan erfolgen sollten (Zahlen Perusahaan Umum Listrik Negara et al. 1990).

3.7.3 Fallbeispiel ABB Indien

Bei der Energieerzeugung aus fossilen Brennstoffen heisst die technologische Herausforderung, möglichst viel Energie aus möglichst wenig nicht erneuerbaren Ressourcen zu gewinnen und dabei die Umwelt möglichst wenig mit schädlichen Abgasen zu belasten. In der thermischen Verbrennung geht es zu diesem Zwecke primär um eine Verbesserung des Wirkungsgrades. Herkömmliche Kraftwerke erreichen Wirkungsgrade von 35-38 Prozent. Dieser Wert wird heute aber oft durch den Einsatz einer Rauchgaswäscherei um 3 Prozent gesenkt. In jüngster Zeit wurden verschiedene neue Verfahren entwickelt, die mithelfen, knappe Ressourcen zu schonen. Auch der ABB-Konzern bietet Systeme an, die den neuesten Stand der Technik berücksichtigen. Brennkammern mit Wirbelschichtfeuerung oder Kombikraftwerke mit integrierter Kohlevergasung sind neue Systeme, die eine Steigerung des Wirkungsgrades erreichen. Der schweizerisch-schwedische Konzern ist bei seinem Angebot aber in der anzuwendenden Technik nicht immer frei. Bei Kraftwerkprojekten herrscht ein Käufermarkt, und die Anlagen werden in der Regel auch in Entwicklungsländern vom Auftraggeber genau spezifiziert. Darum sehen die MNUs ihre Hauptaufgabe vorerst darin, effiziente Kraftwerktypen zu entwickeln, aber gleichzeitig dem Kunden in einem Entwicklungsland die Lösungen mit geringstem Brennstoffverbrauch und niedrigster Emission anzubieten. In Indien ist es der ABB gelungen, ein thermisches Kraftwerk mit einem sehr hohen Wirkungsgrad zu erstellen. Dieses sogenannte Kombikraftwerk zeichnet sich durch eine schonende Ressourcennutzung aus, da der üblichen Gasturbine ein Dampfkraftprozess nachgeschaltet wurde. Das durch Verfeuerung von Erdgas entstehende Gas treibt in einer ersten Phase eine Gasturbine an. In der zweiten Phase werden die heissen Verbrennungsgase zur Erhitzung von Dampf genutzt, welcher seinerseits eine nachgeschaltete Dampfturbine antreibt.

3.8   Zellstoffindustrie

3.8.1   Einleitung

Ruft die weltweite Verflechtung der Zellstoff- und Papierindustrie neue Umweltprobleme in den Entwicklungsländern hervor? Werden umweltbelastende Aktivitäten in Entwicklungsländern durch den hohen Konsum von Papier in den Industriestaaten angeheizt? Sind die bescheidenen Umweltschutzgesetze in Chile mit ein Grund für die Neuinvestition der Firma Attisholz in Südamerika? Diese drei Fragen bilden das Gerippe für unser erstes Fallbeispiel. In der Zellstoffproduktion erfolgte in der jüngsten Zeit eine signifikante technische Entwicklung. Nicht zuletzt auch aus Gründen des Umweltschutzes werden Neuinvestitionen immer kapitalintensiver. Nach dem Gesetz der *'Economy of scale'* reifte in der Zellstoffbranche die Überzeugung, dass bei einem Neubau einer Produktionsanlage nur noch Projekte mit einer Kapazität von über 300'000 t/a rentabel geführt werden können (Jaakko Pöyry 1991).

Attisholz war gewillt, mit einem neuen Ansatz dieses ungeschriebene Gesetz zu brechen. In einem Entwicklungsland mit sehr niedrigen Rohstoffkosten sollte mittels einer an das technische Profil dieses Landes angepassten, billigen Technologie ein bescheidenes Werk mit einer Produktionskapazität von unter 100'000 t Zellstoff pro Jahr gebaut werden.

Die Idee dazu lieferte ein Schweizer Handelshaus (Tochter der Cosa Liebermann), die zusammen mit chilenischen Partnern Textilfabriken in Chile gebaut hatte. In alten Fabrikhallen wurden Maschinen aus stillgelegten Schweizer Spinnereien aufgestellt. Die Technologie entsprach nicht ganz dem neuesten Stand. Aber aus der Sicht der Firma waren diese Investitionen in finanzieller wie auch in qualitativer Weise an die Bedürfnisse in Chile angepasst.

Mit einem ähnlichen Konzept plante Attisholz zu Beginn der 90er Jahre in Licantén, im Süden von Chile, eine kleine Zellstoffabrik (Licancel). Der Kauf von billigen Maschinen aus anderen Entwicklungsländern, wie z.B. ein Boiler aus Indien, ein Evaporator und eine Trocknungsanlage aus Brasilien, sollten die Hardware-Kosten niedrig halten. Bald einmal wurden sich die Planer bewusst, dass eine solch billige Lösung viele Kosten externalisieren würde.

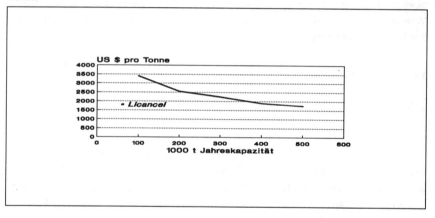

Darstellung 3-11: *Statistisches Verhältnis der Produktionskosten pro Tonne Zellstoff in einer neu gebauten Fabrik in Abhängigkeit zur Produktionskapazität. Die Produktionskosten von Licancel liegen weit unter dem aufgrund der geplanten Kapazität zu erwartenden Wertes (Jaakko Pöyry 1991).*

In Chile ist dies noch leicht möglich. Es bestehen z.Z. keine Normen, die eine Umweltbelastung durch Zellstoffabriken entscheidend einschränken würden. Jedoch führen die immensen Umweltbelastungen der grossen Zellstoffwerke weiter im Süden in jüngster Zeit zu einem wachsenden Umweltbewusstsein in der lokalen Bevölkerung. Aus zwei Gründen musste daher Attisholz in naher Zukunft mit einem erhöhten Widerstand rechnen. An der

Mündung des Rio Mataquito, der als Vorfluter dienen soll, liegt der Badeort Iloca. Ferner weist der Fluss grosse Fischvorkommen auf.

Das Werk war so geplant, dass zu einem späteren Zeitpunkt keine zusätzlichen Umweltschutzmassnahmen hätten gebaut werden können. Mit der Gewissheit, dass die Umweltschutzgesetze strenger würden, beschloss Attisholz nun, das Werk mit lokaler Technik, aber unter Berücksichtigung von kanadischen Umweltschutzstandards zu bauen. Kanada hat eine lange Tradition in der Zellstoffverarbeitung. Im internationalen Vergleich gelten die dortigen Umweltschutznormen als besonders streng.

Durch die Analyse dieses Fallbeispiels möchten wir untersuchen, ob durch den Einsatz von einfacher Technologie zwingenderweise Kompromisse gegenüber der Ökologie eingegangen werden müssen oder ob durch ein Konzept, wie es Attisholz in Licantén plant, ein aktiver Beitrag an eine nachhaltige Entwicklung in Chile geliefert werden kann. Basis unserer Betrachtungen bildet das Stammhaus in Luterbach in der Schweiz. Dort hat Attisholz in den letzten Jahren grosse Investitionen für den Umweltschutz im Umfang von über hundert Millionen Franken getätigt (Trottmann 1990: 121, Berg 1990, Walker 1991). Um die Umweltschutzziele zu erreichen, mussten zum Teil auch neue Technologien entwickelt werden (Gasche et al. 1987: 21).

Wir möchten nun in der Folge die Umweltschutzmassnahmen des geplanten Werkes in Chile vergleichen mit jenen im Werk in Luterbach in der Schweiz. Diese Aufgabe ist aus zwei Gründen besonders anspruchsvoll. Einerseits sind die Aufschlussverfahren in beiden Werken nicht die gleichen, andererseits befindet sich das Werk Licantén erst in der Bauphase. Zum besseren Verständnis der Möglichkeiten und Grenzen des betrieblichen Umweltschutzes in einer Zellstofffabrik besuchten wir daher im Laufe unserer Untersuchungen zusätzlich zwei Werke in Brasilien. Die beiden Betriebe wurden uns als positives bzw. negatives Extrembeispiel empfohlen: Aracruz S.A., die weltweit grösste Eucalyptus-Zellstofffabrik, gilt als ökologisches Vorzeigeprojekt in den Entwicklungsländern schlechthin und Jari-FACEL, eine ursprünglich amerikanische Firma im Amazonasgebiet, als ein Projekt, das die ökologische Fragestellungen bisher eher vernachlässigt hatte.

Insgesamt gesehen ist die Datenlage in diesem Fallbeispiel optimal. Neben den ausführlichen und überaus wertvollen Gesprächen mit dem zuständigen obersten Projektleiter, Generaldirektor Hans Rudolf Wiederkehr, lagen uns eine Umweltverträglichkeitsprüfung, eine Studie zur technischen und wirtschaftlichen Machbarkeit der Produktion und eine Untersuchung über die forstwirtschaftlichen Probleme vor. Im übrigen konnten wir uns auf folgende Informationsquellen stützen:

Aracruz: ein zweitägiger Besuch (Tonbildschau, Werkbesichtigung und vier Interviews) sowie mehrere Publikationen

Jari-FACEL: eine dreitägige Besichtigung mit vier Interviewpartnern, später ein Interview mit einem externen, beratenden Förster, eine wissenschaftliche Publikation und zwei Zeitschriftenartikel

Nach einer kurzen Vorstellung der untersuchten Werke und der verwendeten Produktionsprozesse werden wir auf vier ökologisch sensible Bereiche näher eintreten

3.8.2 Die untersuchten Werke in Chile und Brasilien

Zellstoff dient als Werkstoff zur Herstellung von hochwertigen Papierprodukten oder von chemischen Stoffen (Viscose etc.). Aus pflanzlichen Produkten, in erster Linie aus Holz, wird in einem chemischen Aufschlussverfahren der Zellstoff vom Lignin und von weiteren Begleitstoffen getrennt. Zur Herstellung von möglichst reiner Cellulose wird der Aufschluss zusätzlich durch eine Bleiche ergänzt. Beim wichtigsten Prozessabschnitt, dem Holzaufschluss mittels Kochen (Delignifizierung), können hauptsächlich zwei Verfahren unterschieden werden: Entweder wird der Rohstoff mit einer Lösung von Natriumhydroxyd und Natriumsulfid versetzt (Sulfatverfahren), oder es wird ihm eine Lösung aus Calciumbisulfit und schwefeliger Säure beigefügt (Sulfitverfahren). Unsere Überlegungen werden sich vor allem auf den Sulfatprozess (auch Kraftprozess genannt) beschränken. Dieses Verfahren wird in den meisten neuen Werken, so auch in Aracruz, Jari und Licantén, angewendet. Die folgende Darstellung zeigt einige Kennzahlen, welche die vier untersuchten Werke beschreiben:

Werk	Kapazität	Prozess	Rohstofffläche
Aracruz (Bras)	1'200'000 t/a	Kraft/Sulfat	80'000 ha
Licancel (Chi)	77'000 t/a	Kraft/Sulfat	25'000 ha
Jari-FACEL (Bras)	270'000 t/a	Kraft/Sulfat	120'000 ha
Attisholz (CH)	125'000 t/a	Sulfit	- - -

Darstellung 3-12: Die untersuchten Werke der Zellstoffbranche im Überblick

3.8.3 Rohstoffbeschaffung

In Mitteleuropa besteht der pflanzliche Rohstoff ausschliesslich aus Sägereiabfällen und sogenanntem Schwachholz (Vorholz 1990; Gasche 1991). Anders aber in den Ländern der Tropen und Subtropen. Hier werden schnellwachsende Bäume in grossen Wäldern angepflanzt. Aus prozesstechnischen Gründen werden die besten Resultate mit einheitlichem Pflanzenmaterial erreicht. Dies führt dazu, dass Kahlschlag und Wiederaufforstung in Form von einfach zu bewirtschaftenden Monokulturen in vielen Zellstoffprojekten eher die Regel als die Ausnahme sind (Vorholz 1991).

Für *Aracruz* wurden aus klimatisch verwandten Gegenden wie Australien und Indonesien verschiedene Sorten von *Eucalyptus grandis* und *Eucalyptus utipholia* importiert. In einer eigenen Forschungsanstalt und in grossen Baumschulen werden Hochproduktionssorten mit einer grossen Resistenz gegen Schädlinge gezüchtet.

Dabei werden drei Verfahren angewendet:

(1) Aufpfropfen

(2) Produktion von Stecklingen

(3) ungeschlechtliche Vermehrung (Klonierung)

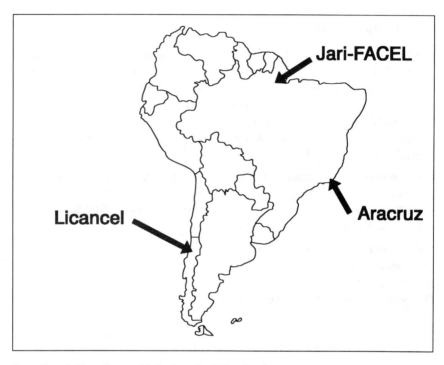

Darstellung 3-13:   *Geographische Lage der Zellstoffwerke*

Durch all diese Vermehrungen entstehen viele einheitliche Hochproduktionspflanzen. Die Bäume werden nach 7 Jahren mit einer durchschnittlichen Grösse von 35 Metern gefällt. Auf der gleichen Parzelle können sogleich wieder neue Setzlinge ausgebracht werden. Die Produktivität der Wälder konnte in Aracruz von 25 auf 35 m^3/ha/Jahr gesteigert werden.

Das *FACEL*-Projekt von Jari liegt inmitten des Amazonas-Beckens. Ende der sechziger Jahre kaufte der amerikanische Milliardär Daniel K. Ludwig eine 2 Mio. ha grosse Parzelle im tropischen Regenwald. Auf einer Fläche von 120'000 ha wurde der natürliche Wald gerodet und Gmelina, Kiefern und Eukalyptusbäume angepflanzt. Die Produktivität beträgt etwa 20 m^3/ha.

Attisholz seinerseits wählte für sein Werk in Chile ein Gebiet, das forstwirtschaftlich gesehen nicht optimal liegt. An der Trockengrenze für Papierholz gelegen, fallen dort in der kurzen viermonatigen Periode nur 700 mm Niederschlag (Infora 1991). Die grossen Wälder befinden sich weiter unten im Süden. Dort sind auch die grossen Fabriken von chilenischen und amerikanischen Firmen angesiedelt. Die natürliche Vegetation bei Licantén bildete eine Art Maquis. Zur Zeit des kalifornischen Goldfiebers sind die Primärwälder abgeholzt worden. Daraufhin setzte - noch verstärkt durch die Viehweidung - eine grosse Erosion ein, so dass heute nur noch kleine buschförmige Laubbäume wachsen. Das Pflanzen von *Pinus radiata* (Monterey Pinien) durch Licancel ist demzufolge aus ökologischen Gründen durchaus zu befürworten. Die Bäume werden nach etwa 20 Jahren schlagreif. Damit die Zellstoffabrik autonom geführt werden kann, muss Licancel beim erwarteten Ertrag von 18 m^3 pro Hektare und Jahr etwa 25'000 ha Waldfläche erwerben (Infora 1991: 4). Die Hauptgründe für die Standortwahl waren nach Herrn Wiederkehr ein geeigneter Bauplatz, ein bereits funktionierender Forstwirtschaftsbetrieb und eine gewisse Distanz zu den grossen Konkurrenten.

Vor allem in Europa ist zur Zeit eine stark emotionell gefärbte Diskussion bezüglich der tropischen Forstwirtschaft im Gange. Damit der Regenwald auch in Zukunft sowohl ökologisch als auch ökonomisch eine wichtige Ressource für die Entwicklungsländer darstellt, muss grosser Wert auf eine optimal an die natürlichen Bedingungen angepasste Nutzung gelegt werden.

Ein wichtiger Parameter ist die Bodenfruchtbarkeit. In vielen Fällen ist eine dauerhafte Nutzung des Waldes nur mit Einsatz von grossen Mengen an Agrochemikalien möglich. Dies ist sowohl aus ökonomischen als auch aus ökologischen Gründen abzulehnen. Die folgenden Stichworte sollen dies illustrieren:

(1)   Gefährdung von Oberflächen- und Grundwasser

(2)   Schädigung der organischen Bodensubstanz

(3)   zunehmende Resistenz der Schädlinge

(4)   sinkende Widerstandsfähigkeit der Pflanzen

(5)   Zerstörung von Nützlingen

(6)   Substanzen, die im Boden schwer abbaubar sind

(7)   Vergiftungsgefahr beim Ausbringen der Agrochemikalien

Mehrere Faktoren bewirken durch eine intensive Forstwirtschaft eine negative Veränderung der Bodenchemie und damit der Bodenfruchtbarkeit: Generell ist der Nährstoffhaushalt bei monokultureller Bewirtschaftung ein Problem. Zusätzlich haben die Böden in den feuchten Tropen oft eine geringe Kationenaustauschkapazität. Die im Boden vorhandenen Tonmineralien sind daher für die Pflanzen schlechter verfügbar. In Aracruz wird darauf geachtet, dass beim Holzschlag die meistmögliche Biomasse (Äste, Wurzeln und z.T. Rinde) zurückgelassen und dass die Mykorrhiza mit den Setzlingen oder Stecklingen importiert wird. Sowohl in Jari als auch in Licantén bestehen noch geringe Erfahrungen in bezug auf den Düngerbedarf der Wälder. In Jari wird deshalb mit grossem Einsatz gedüngt (z.B. 100 kg P_2O_5 pro ha und Jahr, aber auch K, N, Mg, Ca, Zn: insgesamt 350 kg/ha). Die Informationen müssen bei allen drei Projekten noch mit grosser Vorsicht genossen werden. Der Erfahrungszeitraum von höchstens 20 Jahren in Jari oder fünf Jahren in Licantén ist zu kurz, als dass definitive Prognosen über die Entwicklung der Bodenfruchtbarkeit gestellt werden dürften. Dies gilt insbesondere für die Gegend von Licantén. Da dort lange Zeit eine Buschsteppenvegetation vorherrschte, kann angenommen werden, dass sich die Bodenfruchtbarkeit in einer ersten Phase sogar noch verbessert. Aracruz hat ähnliche Erfahrungen gemacht. Die Bodenfruchtbarkeit, welche vor der industriellen Bewirtschaftung sehr gering war, konnte Jahr für Jahr gesteigert werden. Aufgrund der Resultate aus dem Bodenforschungsprogramm können gezielt jene Nährstoffe, die durch das Abholzen der Stämme verloren gehen, künstlich wieder zugeführt werden.

Besondere Probleme ergeben sich aber sowohl bei den Eukalyptusbäumen als auch bei den Koniferen. Erstere geben ätherische Öle in den Boden ab, die eine spätere landwirtschaftliche Nutzung der Parzellen praktisch verunmöglichen; letztere bewirken durch den Nadelfall, dass der Boden versauert.

Neben der Verringerung der Bodenfruchtbarkeit ist aus ökologischer Sicht der Befall der Bäume von Schädlingen relevant. Durch das zunehmend einheitliche genetische Material (Einsatz von klonierten Pflanzen) wird die Anfälligkeit auf Krankheiten, Pilze und Schädlinge erhöht. Anstelle des Einsatzes von Fungiziden und Insektiziden (Jari-Facel) wird in Aracruz die biologische Bekämpfung gefördert. Die Gegend um Aracruz wurde bereits im letzten Jahrhundert zur Produktion von Holzkohle vollständig abgeholzt. Aracruz AG begann 1967 mit einem eigenwilligen Bewirtschaftungskonzept. Zwei Drittel der Fläche werden mit Hochleistungseukalyptus aufgeforstet, und ein Drittel der Fläche wird in ein naturnahes Ökosystem verwandelt. Parzellen mit Monokultur wechseln ab mit Parzellen anderer einheimischer Holzarten und mit natürlichen Uferzonen entlang der vielen kleinen Flüsse. Diese unterschiedlichen Parzellen schützen sich gegenseitig. Die einheimischen Waldpartien sorgen für genügend Nützlinge und eine ökologisch sinnvolle Biodiversität; die schnellwachsenden Eukalyptusbäume sorgen für genügend Windschutz für die langsam wachsenden einheimischen Baumarten. Durch diese gemischte Bewirtschaftung der Aracruz-Plantagen entwickelten sich bis anhin genügend Nützlinge, so dass die Firma auf grössere chemische Schädlingsbekämpfungsmassnahmen verzichten konnte. Einziger Feind der Eukalyptusbäume bleibt eine Ameisenart (Blattschneiderameise), die die Blätter abfrisst und damit eine Pilzkrankheit an den Bäumen initiiert.

In den meisten Staaten, so auch in Brasilien und in Chile, ist eine gewisse Durchmischung der Produktionswälder mit natürlichen Mischbeständen vorgeschrieben. In Jari wird dieses Verhältnis von Monokultur zu natürlichem Wald auch sehr gut eingehalten (50:50). Die einzelnen bewirtschafteten Parzellen sind aber zu gross, als dass eine optimale biologische Schädlingsbekämpfung entstehen könnte. In Licantén sind ebenfalls gewisse Mischwälder im Entstehen.

3.8.4 Holzaufschluss

Im Rahmen der Massnahmen zur Luftreinhaltung spielt die Reduktion der Schwefel-emission eine wichtige Rolle. Viele Massnahmen zur Entschwefelung haben den Nachteil, dass dabei grosse Mengen Gips entstehen. In Attisholz ist es gelungen, Schwefeldioxyd, das als Rauchgas beim chemischen Holzaufschluss entsteht, direkt in die Herstellung von Kalziumbisulfit zurückzuführen (Gasche et al. 1987). Dieses Verfahren, das zusammen mit der Firma Sulzer entwickelt wurde und 13 Mio. Fr. kostete (Trottmann 1990), bringt eine wesentliche Reduktion der SO_2-Emissionen und zugleich eine Einsparung des Schwefel-verbrauchs. Da in Chile aber bei der Holzauftrennung das Sulfatverfahren zur Anwendung gelangen wird, ist eine Übernahme dieser Technologie durch die chilenisch-schweizerische Tochterfirma nicht möglich.

Durch organische Schwefelverbindungen entstehen in der Zellstoffproduktion nach dem Sulfatverfahren hohe Geruchsemissionen. Zur Zeit bestehen hier noch keine wirtschaftli-chen Vermeidungstechnologien, die eine Nullemission gewährleisten würden.

3.8.5 Bleichung

Nicht alles Lignin kann beim chemischen Aufschluss (Delignifizierung) aus dem Zellstoff herausgeholt werden. Die Cellulose bleibt bräunlich verfärbt und muss daher in einer näch-sten Prozessphase gebleicht werden. Noch bis zu Beginn der achtziger Jahre geschah dies fast ausschliesslich mit molekularem Chlor oder Chlordioxyd. Chlor hat drei Vorteile: Es ist billig, es macht den Zellstoff weiss und schont die Zellstofffasern (Vorholz 1991). Bei der Bleiche mit Chlor oder Chlorverbindungen entstehen chlorierte organische Verbindungen (AOX) (Gasche 1991). Einige dieser Stoffe gehören aber zu den besonders toxischen und kanzerogenen und können nachträglich zum Teil nur mehr sehr schlecht abgebaut werden (Vorholz 1991).

Zu Beginn der 90er Jahre motivierten zwei Entwicklungen die Suche nach umweltfreund-licheren Bleichungsarten:

(1) strengere Grenzwerte in den Industrieländern
(2) steigende Nachfrage nach chlorfreiem und chlorarmem Papier dank grösserem Um-
     weltbewusstsein der Konsumenten

Sowohl bei Attisholz als auch bei Aracruz wurden verschiedene Massnahmen implementiert (Gasche 1991; Aracruz 1987):

(1) Substitution der Chlorverbindungen durch Sauerstoff in der ersten Bleichungsstufe

(2) Substitution des molekularen Chlors durch Chlordioxyd

Diese beiden Technologien werden auch von Licancel eingeführt. So ist dort eine fünf-stufige Bleichung mit 3 Stufen Chlordioxyd und zwei Sauerstoffstufen geplant (Jaakko Pöyry 1991: 15).

In der Sauerstoffstufe wird aus dem gewaschenen Zellstoff mittels Natronlauge, Wasserstoffperoxid und Sauerstoff bei ca. 65°C und unter einem Druck von ca. 3 bar ein grosser Teil des noch haftenden Lignins herausgelöst (Walker 1991: 6).

Auch zur Produktion des Chlors aus Natriumchlorid sind umweltfreundlichere Technologien entwickelt worden. Anstelle der traditionellen Technologie, die Quecksilberrückstände in die Natur abgibt, wird heute sowohl bei Attisholz als auch bei Aracruz eine neue Membrantechnologie angewendet.

3.8.6 Abwasserreinigung

Grosse Investitionen werden überall für die Reinigung des Abwassers getätigt. Bereits Mitte der siebziger Jahre baute Attisholz mit einer Investitionssumme von 33 Mio. Fr. eine mechanische und eine biologische Kläranlage. In Licantén ist ein ähnliches Abwasserreinigungssystem für gegen 4 Mio. Fr. geplant. Als besondere Sicherheitsmassnahme in der Abwasserführung wird zusätzlich zu den Oxydationsbecken ein Reservebecken gebaut. Dieses kann im Falle einer Panne in der ARA eine ganze Tagesration Abwasser aufnehmen und im Falle eines Brandes auch als Rückhaltebecken für Löschwasser dienen.

3.8.7 Diskussion

Die Cellulose Attisholz AG galt in der Schweiz lange Zeit als eine der grössten Punktquellen für Belastungen der Luft und des Wassers. Als Antwort auf die strenger werdenden Umweltschutzgesetze hat die Firma in den letzten Jahren grosse Anstrengungen unternommen, um die Umweltbelastungen zu minimieren. Die Analyse dieses Fallbeipiels liess uns erkennen, dass Attisholz keine Standortarbitrage aus Umweltschutzgründen vollzog. Vielmehr bestanden sogar Pläne für eine Investition, die die Produktionskapazität im Stammhaus verdoppeln würde. Ist dennoch eine Investition in einem Entwicklungsland geplant, so vor allem, um durch eine Produktion in Lateinamerika von den günstigeren Rohstoffpreisen und von der Nähe zum japanischen und zum amerikanischen Markt zu profitieren.

Ursprünglich wollten die Investoren in Chile ein möglichst billiges Werk bauen. Die verschiedenen Vorstudien haben gezeigt, dass Umweltfreundlichkeit und Produktequalität im Vergleich zu brasilianischen Werken ähnlicher Grösse nur mit wesentlich höheren Kosten erreichbar wären. Es wurde klar, welch wichtige Rolle der rechtzeitigen Erstellung einer UVP zukommt. Sie zeigte auf, in welchen Bereichen zusammen mit auswärtigen Sachverständigen nach umweltverträglichen Produktionsmethoden gesucht werden musste. Auch die anfänglich sehr zögernde Haltung der Kreditgeber (Schweizerische Bankgesellschaft und Banco do Chile) trug das Seinige dazu bei, dass die firmeninternen Entscheidungen in Richtung Ökologie schwenkten. Das Projekt wurde daraufhin so angepasst, dass die geplanten Umweltschutzmassnahmen vergleichbar wurden mit jenen des Stammhauses. Die Umwelttechnologie entspricht in den besonders sensiblen Produktionsbereichen somit durchaus westlichem Standard. Die Rauchgasreinigung, die Abwasserreinigung und die Substitution von Chlor bei der Bleichung sind die wichtigsten Massnahmen, die den Eingriff in das lokale Ökosystem auf ein tragbares Mass verringern. Die Ökologisierung des Projekts musste mit einer Erhöhung der Investitionssumme von 135 auf 190 Mio. SFr. erkauft werden. Von dieser Summe werden ca. 30 Mio. SFr. (oder 15 %) direkt oder indirekt für den Umweltschutz aufgewendet.

Gelingt es, die Fabrik mittels einfacher und angepasster Technologie zu bauen ohne dabei ökologische Kompromisse eingehen zu müssen, so können wir davon ausgehen, dass das Projekt Licancel durchaus einen aktiven Beitrag an eine nachhaltige Entwicklung in Chile leisten kann. Einzig für die Frage des Einsatzes von Agrochemikalien in der Forstwirtschaft müssen noch weitere Entscheidungsgrundlagen erarbeitet werden.

3.9 Zusammenfassender Überblick der empirischen Resultate

3.9.1 Erläuterungen zu den empirischen Resultaten

In den letzten zwei Jahren erhielten wir zu 27 Fallbeispielen eingehende Unterlagen. Davon befinden sich zwanzig Betriebe kapital- oder führungsmässig unter schweizerischer Kontrolle. Die Art der Beteiligung an den Betrieben ist sehr verschieden.

Art der Beteiligung	Anzahl
Faktisch 100 % Tochter	11
Joint Venture (50 : 50)	1
Minderheitsbeteiligung	5
Managementvertrag	2
Turn-key-Investition	2

Darstellung 3-14:   *Art der Beteiligung von schweizerischen*
Firmen an den Betrieben der Fallbeispiele

Bei vielen Betrieben ist die kapitalmässig höchste Beteiligung im Gesetz festgelegt. So dürfen z.B. in Indien ausländische Firmen nur Minderheitsbeteiligungen an indischen Firmen besitzen. In zwei Fällen besteht nur eine symbolische Minderheitsbeteiligung. Diese Betriebe werden oder wurden aber dennoch über Managementverträge durch schweizerische Wirtschaftssubjekte gelenkt. Unklar ist die Möglichkeit der schweizerischen Einflussnahme (z.B. für den Umweltschutz) bei den Projekten, die schlüsselfertig (Turn-key-Investition) durch eine schweizerische Firma erstellt werden, deren Management nachher aber an eine lokale (staatliche) Firma übergeht. Hier definiert zwar einerseits der Auftraggeber in den 'Terms of Reference' welche technischen Eigenschaften erfüllt sein müssen, andererseits kann der Projektleiter mit seiner beratenden Tätigkeit mindestens die Notwendigkeit von Umweltschutzmassnahmen aufzeigen.

Neben der Art der Beteiligung konnte in unserer Untersuchung auch beim Alter der Fallbeispiele eine breite Palette abgedeckt werden.

Die Hälfte aller Fallbeispiele wurden in den sechziger und siebziger Jahren gebaut. Ein Werk produziert bereits seit 1921, drei Werke haben die Produktion erst während unseren Untersuchungen aufgenommen, und zwei Betriebe stehen kurz vor dem Baubeginn. Bei diesen zwei Projekten konnten wir in die verschiedenen Vorstudien (Machbarkeitsstudie und UVP) Einblick nehmen. Für weitere vier bestehende Werke in Indonesien, Indien (2) und Venezuela wurden die Informationen aus Dokumenten und durch Interviews beschafft.

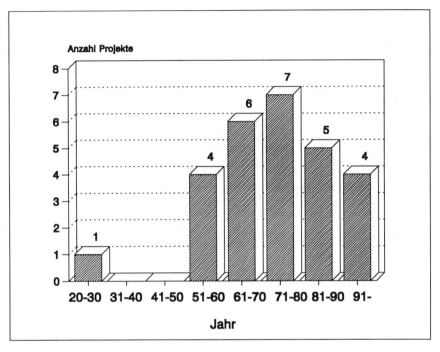

Darstellung 3-15: Jahrgang der verschiedenen Fallbeispiele

3.9.2 Tabellarische Zusammenfasung

Zur bessoren Vcrglcichbarkcit wurdcn allc monctärcn Angabcn in Schwcizcr Frankeu umgerechnet. Basis bildete folgender Wechselkurs:

14 Indische Rupees	=	1 SFr. (Stand 1.12.1990)
260 Brasilianische Cruzeiro	=	1 SFr. (Stand 1.9.1991)
0,7 US Dollar	=	1 SFr. (Stand 1.9.1991)

Auf den folgenden beiden Seiten (Darstellung 3-16) sind die wichtigsten empirischen Resultate zusammengestellt. Sie zeigen für alle untersuchten Fallbeispiele zusammenfassend und in tabellarischer Form den Grad des ausländischen Einflusses, die Motivationsgründe für die Wahl des Produktionsstandortes, potentielle Umweltbelastungen sowie die wichtigsten Massnahmen zur Bekämpfung dieser Umweltbelastungen.

Fallbeispiele

Branche	Nr.	Mutter	Werk	Besuch	CH-Beteiligung am: Kapital	Management	Gründe für Produktionsstandort in Indien / Brasilien[1] Rohstoff	Protektion.	Marktnähe	Export	Billige Prod.	Umweltprobleme[2] gelöst	ungelöst
Nahrung	1	Nestlé	Rio Pardo	*	>50	*			*			O	F
	2	Nestlé	Araras	*	>50	*	*		*			O	G
	3	Nestlé	P. Ferreira	*	>50	*	*		*			O	F
	4	Nestlé	Las Palmeiras	*	>50	*	*			*	*		O
	5	Chadler	Salvador	*	<50	*	*						O,G,M
Chemie/ Pharma	6	Roche	Thana	*	<50	*				*	*	T	W,L
	7	Ciba-G.	Goa	*	<50	*		*		*		W	L
	8	Ciba-G.	Camaçari	*	>50	*		*				W,D	L
	9	Ciba-G.	Taboa	*	>50	*			*			W	D
	10	Sandoz	Kholshed	*	<50	*	*	*		*		W	
	11	Sandoz	Resende	*	>50					*		W	L,D
	12	BASF	Guaratingueta		BRD		*	*		*	*	W	L,D
	13	Bayer	Thana	*	BRD					*		W,D	L
Zellstoff	14	Aracruz	Werk II	*	Bras	*	*			*		W,L	B
	15	Jari	FACEL	*	Bras	*				*			W,L,B
	16	Attisholz	Licancel		>50	*				*	*	W,C	B
Steine & Erden	17	Holderbank	Assam	*	<50					*		S,F	SO2
	18	Holderbank	CIMINAS	*	>50	*			*	*		S	NOx
	19	Laufen	Campo Largo		>50	*				*		S,W	SO2
	20	Laufen	Sao Mateus	*	>50	*				*		S,L	W
	21	Jari	CADAM	*	Bras		*			*			L,H
	22	Jari	Bauxit	*	Bras		*			*			W,L
	23	Alusuisse	Interalumina		<50	*				*			W,D
Energie & Masch.	24	ABB	Belawan		<50				*				
	25	ABB	N. Delhi						*				
	26	Petrobras	Petrosix	*	Bras		*				*	SO2,H	W,SO2
	27	Sulzer	Khimline	*	<50						*		
Total		15	27	21	11 >50	17	13	4	20	15	6	15	27
6.Schweiz		10	20	14	7 <50		8	3	16	10	5	10	20

[1] Mehrfachnennungen möglich

[2] O = organische Abwasserlast; M = Lufthygiene; L= Lärm; W = Abwasser; G = Geruch; S = Staub; C = AOX-Last (chlorierte org. Verbindungen); B = Bodenfruchtbarkeit; F = Kühlmittel (FCKW etc.); T = Entweichen von Lösungsmitteln; D = Entsorgung von hochgiftigem Sondermüll; H = Beeinträchtigung des Landschaftsbildes;

Nr.	Mutter	Werk	Investitionen (Mio SFr.) Total	Investitionen Umwelt	Hardware ARA [3]	Deponie	Umwelttechnologie Ofen [4]	Filter	Energie [5]	Software Ökologie Abt.	Audit [6]	pos Einfluss auf Dritte [7]
1	Nestlé	Rio Pardo	166	1,6 = 1%	*					*	*	
2	Nestlé	Araras	53	1,1 = 2%						*	*	
3	Nestlé	P. Ferreira		(2%)	*						*	
4	Nestlé	Las Palmeiras	5	0,06 = 1%							*	
5	Chadler	Salvador		0,07								
6	Roche	Thana		2	*					*	*	
7	Ciba-G.	Goa		5,6	*		*			*	*	*
8	Ciba-G.	Camaçari		4,5	*	*				*	*	
9	Ciba-G.	Taboa		12	*		*	*		*	*	
10	Sandoz	Kholshed		9	*				*	*	*	
11	Sandoz	Resende			*	*	*		*	*		
12	BASF	Guaratingueta			*	*	*		*	*		
13	Bayer	Thana		5	*	*	*		*		*	
14	Aracruz	Werk II	1755	105 = 6%	*	*		*	*			*
15	Jari	FACEL									*	
16	Attisholz	Licancel	190	30 = 15 %	*			*				
17	Holderbank	Assam			*		*	*				
18	Holderbank	CIMINAS	600	35 = 5%	*		*	*		*	*	
19	Laufen	Campo Largo						*				
20	Laufen	Sao Mateus	45	3 = 6%				*	*			
21	Jari	CADAM										
22	Jari	Bauxit										
23	Alusuisse	Interalumina	1400	60 = 4%	*	*				*		
24	ABB	Belawan	152	0%					*			
25	ABB	N. Delhi			*							
26	Petrobras	Petrosix	100	2 = 2%								
27	Sulzer	Khimline										
Total	27		Ø 310	Ø 17 = 4,2%	15	6	7	7	7	11	12	2
6. Schweiz	20				11	3	5	6	4	8	11	1

3 Abwassereinigungsanlage, die den lokalen Grenzwerten entspricht
4 Sondermüllofen in Betrieb oder im Bau
5 Massnahmen zur Verbesserung der Energieeffizienz
6 'Environmental Audit' wird durch die Muttergesellschaft regelmässig durchgeführt
7 Umweltschutztechnologie oder -know-how wurde an Konkurrenzfirmen weitergegeben

Wir sind uns bewusst, dass die Tabelle und die Zahlenwerte ein Aggregationsniveau aufweisen, das den komplexen Verhältnissen, in denen sich gewisse Werke befinden, zuwenig Rechnung trägt und damit den unterschiedlichen Situationen der Fallbeispiele nicht gerecht werden kann. Jedes Projekt hat seine eigene Geschichte, und es musste mit bestimmten Rahmenbedingungen gearbeitet werden. Diese Tabelle soll aber nur einen generellen Überblick verschaffen. In den Kapiteln zu den einzelnen Branchen 3.3 - 3.8 werden die einzelnen Projekte im Detail diskutiert.

3.9.3 Gesamtivestitionen und Umweltschutzinvestitionen

Thormann (1991: 437) bezeichnet eine Investition als längerfristige Bindung finanzieller Mittel in Vermögenswerte der Unternehmung. An den Investitionsvolumina können wir die Unterschiede in der Grösse der untersuchten Werke erkennen. Der kleinste Betrieb, den wir besucht haben (eine von über 100 Milchsammelstellen von Nestlé Brasilien), hat eine Investitionssumme von einigen wenigen Mio. SFr.; das grösste Projekt (eine Kapazitätserweiterung der Zellstoffabrik Aracruz) bindet nach drei Jahren Bauzeit 1,7 Mrd. SFr. flüssige Mittel und Fremdkapital. Der arithmetische Mittelwert der Investitionssumme unserer 27 Fallbeispiele ergab den nicht sehr aussagekräftigen Wert von 310 Mio. SFr. Er wird vor allem durch die wenigen Mammutprojekte sehr in die Höhe getrieben. Gleichzeitig konnten wir verschiedene (kleinere) Werke in dieser Rechnung nicht berücksichtigen, da die genauen Daten nicht verfügbar waren. Wir können aber davon ausgehen, dass die durchschnittliche Investitionshöhe unserer Fallbeispiele zwischen 80 und 180 Mio. SFr. liegt.

Interessiert waren wir primär an den Massnahmen zum Schutze von Boden, Wasser und Luft sowie zur Schonung der nicht erneuerbaren Ressourcen und Energieträger. Wir unterscheiden dabei zwischen Soft- und Hardware. Unter Software verstehen wir technische Information und Erfahrung, wie Umweltschutzmassnahmen organisiert und implementiert werden sollen. Unter der umwelttechnologischen Hardware hingegen verstehen wir Kapitalgüter, also technische Geräte oder Maschinen und damit Investitionen.

Auf den betrieblichen Umweltschutz fielen in den untersuchten Werken zwischen 1% und 6% der totalen Investitionen. Im Durchschnitt aller Werke, die monetäre Angaben über ihre Umweltschutzinvestitionen machen konnten, ergibt dies 4,2 %. Dieser Prozentsatz sollte sich aber bereits auf Ende 1992 erhöhen, da in verschiedenen Projekten die ernste Absicht besteht, im Bereich des Umweltschutzes 'aufzurüsten'.

Die grössten Umweltschutzinvestitionen, absolut und im Verhältnis zu den Gesamtinvestitionen, fanden wir in der Zement- und Keramikindustrie. Bezeichnenderweise sind es aber gerade diese Werke, die innert sehr kurzer Zeit einen grossen Nutzen aus ihren Massnahmen für den Umweltschutz ziehen können. Drei Viertel ihres betrieblichen Umweltschutzes gehen auf Kosten der Installation von sehr kapitalintensiven Elektrofiltern. Mit diesen Filtern werden nicht nur Natur und Arbeiter von feinem Staub verschont, sondern es können riesige Mengen an wertvollen Rohstoffen zurückbehalten werden.

Einen überraschend hohen Anteil an Umweltschutzinvestitionen hat Attisholz für sein Werk in Chile geplant. Die Investoren wollen ein sehr günstiges Werk bauen, ohne aber Kompromisse im Umweltschutz eingehen zu müssen. In Antizipation an bald enstehende Umweltgesetze werden daher gegen 15 % der Investitionssumme für den betrieblichen Umweltschutz eingesetzt.

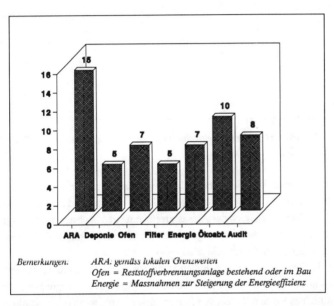

Bemerkungen: ARA: gemäss lokalen Grenzwerten
Ofen = Reststoffverbrennungsanlage bestehend oder im Bau
Energie = Massnahmen zur Steigerung der Energieeffizienz

Darstellung 3-17: Überblick über die Anzahl der verschiedenen Arten von Umweltschutz-
investitionen in den 27 Fallbeispielen

Die meisten Umweltschutzinvestitionen funktionieren nach dem 'End of the pipe'-Prinzip. Mit anderen Worten: Nach einem ökologisch nicht optimalen Produktionsprozess wird mit einer umwelttechnologischen Massnahme verhindert, dass Material- oder Energieflüsse, welche nicht im Produkt Verwendung finden, also Abfälle und Emissionen, die Umwelt belasten. Betriebe, die ökologische und damit langfristig auch ökonomische Effizienz für sich beanspruchen möchten, versuchen ihre Produktionsprozesse so zu verändern, dass be-

Geographisches Institut
der Universität Kiel

reits geringere Schadstoffe entstehen können (Dyllick 1990). Wir fragten daher in allen Interviews nach Beispielen solch ökologisch motivierter Modifikationen der Produktionsprozesse. Die Beispiele, die uns bisher konkret genannt wurden, sind nicht sehr zahlreich und können an einer Hand abgezählt werden.

Zahlreich sind hingegen, wie bereits erwähnt, die umwelttechnologischen Massnahmen nach dem Prinzip 'End of the pipe'. In der folgenden Darstellung (3-18) ist die Häufigkeit des Einsatzes verschiedener Umwelttechnologien für alle untersuchten Fallbeispiele, für die 20 Betriebe unter schweizerischem Einfluss und für die Fallbeispiele insgesamt, aufgelistet. Es muss dabei erwähnt werden, dass nicht in allen Fallbeispielen sämtliche der untersuchten Umweltschutzmassnahmen nötig sind.

Massnahme	Gesamt (27)	Schweiz (20)
ARA	15	11
Filter	7	6
Deponie	6	3
Verbrennungsanlage	7	5
Energieeffizienz	7	4

Darstellung 3-18: Häufigkeit der umwelttechnologischen 'Hardware' nach dem Prinzip des 'End of the pipe'

Zum besseren Verständniss dieser Tabelle sind einige Erläuterungen nötig.

ARA: Vergleichen wir die Umweltbelastungen in Boden, Wasser und Luft, dann erreichen die Massnahmen im Bereich der Abwasserreinigung den höchsten Wirkungsgrad. Hier wurden solche Abwasserreinigungsanlagen berücksichtigt, die dazu führen, dass die lokal gültigen Grenzwerte eingehalten werden können.

Filter: Sollen die Resultate mit europäischen Standards verglichen werden, sind im Bereich Lufthygiene bei fast allen besuchten Werken noch grosse Anstrengungen nötig. Dennoch wurde das Vorhandensein von Filtern dann gezählt, wenn ein wesentlicher Anteil der potentiellen Luftemissionen im Werk zurückbehalten werden kann (in sieben Betrieben).

Deponie: In sechs Werken sind Deponien zur Endlagerung von toxischen Stoffen eingerichtet, die den gesetzlichen Anforderungen genügen.

Verbrennungsanlage: Nur in zwei Werken wurde ein funktionierender Ofen zur Verbrennung von toxischen Rückständen oder chlorierten Lösungsmitteln angetroffen. In 3 weiteren Fällen ist aber ein solcher im Bau oder steht kurz vor dem Baubeginn. Auch diese Werke wurden genauso dazugezählt wie das Zementwerk CIMINAS, das potentiell Sonderabfall aus anderen Werken verbrennen könnte. Technische Massnahmen zur Verbesserung der Energieeffizienz der Produktion konnten wir in sieben Werken finden.

Wollen wir diese Investitionen, welche die Umweltverträglichkeit der Produktion erhöhen sollen, klassifizieren, so können wir zwischen solchen unterscheiden, die explizit zur Verminderung der Umweltbelastung getätigt werden und jenen, die neben einem anderen primären Ziel auch eine Verbesserung der Umweltverträglichkeit ergeben. Zum besseren Verständnis der einzelnen Fallbeispiele sollen die umweltrelevanten Investitionen, die wir kennengelernt haben, nach vier verschiedenen Motivationen klassifiziert werden:

(1) Die erste Gruppe betrifft Investitionen zur Erfüllung von umweltpolitischen Normen. Obschon in vielen Ländern ein grosser Nachholbedarf bezüglich des Vollzugs der Umweltschutzgesetze besteht (Vgl. 2.4), sahen sich einige der untersuchten Firmen in einem Zugzwang, wollten sie immer fristgerecht die behördlichen Auflagen erfüllen.

(2) Neben den gesetzlich vorgeschriebenen umweltrelevanten Investitionen fanden wir in unseren Fallbeispielen verschiedene freiwillige Umweltschutzinvestitionen, die eine Schonung der natürlichen Ressourcen über das gesetzlich geforderte Minimum hinaus ergeben. Hier handelt es sich zu einem Teil um Massnahmen im Rahmen der Öffentlichkeitsarbeit. In der heutigen Zeit gilt es nicht nur, Konsumenten und Aktionäre davon zu überzeugen, dass die Firma den neuesten ökologischen Anforderungen genügt; vielmehr sind zwei weitere Faktoren dazugekommen. Besonders die chemische Industrie hatte Mühe, einerseits genügend akademischen Nachwuchs zu bekommen und anderseits in einer sinnvollen Zeitspanne ein Baubewilligungsverfahren durchzuziehen. Mit einer grösseren Gewichtung der umweltverträglichen Produktion galt es, die chemische Industrie als Arbeitsplatz wieder attraktiv zu gestalten und in der Öffentlichkeit Vertrauen zu schaffen, so dass Baubewilligungsverfahren innert nützlicher Frist durchgezogen werden können.

(3) Eine weitere Motivation für freiwillige Investitionen zur Schonung der natürlichen Ressourcen ergibt sich aus der Antizipation zukünftiger umweltpolitischer Massnahmen innerhalb des Investitionsraumes. Aus der Erfahrung heraus, dass gesetzliche Übergangsbestimmungen nur kurze Zeit gültig sind, kann eine Optimierungsrechnung zeigen, dass es betriebswirtschaftlich sinnvoll ist, eine Anlage frühzeitig den zu erwartenden Bedingungen anzupassen. Diese aktive interne Umweltpolitik setzt einerseits ein ökologisches Zielsystem des Konzerns voraus und andererseits gewisse Freiheiten der Tochterfirmen bei der Planung der Investitionen.

(4) Eine letzte Gruppe von Investitionen betraf die Implementierung von neuen Technologien, die primär zur Verbesserung der ökonomischen Effizienz geplant waren. Einige solcher nicht ökologisch motivierter Investitionen führten in unseren Fallbeispielen zusätzlich zu einer erhöhten Umweltverträglichkeit der Produktion. Investitionen dieser Art waren sehr häufig. Aus diesem Grund war es für unsere Untersuchung schwierig zu zeigen, welche zusätzliche Kosten eine Unternehmung zur Erreichung von Umweltzielen zu tragen bereit ist. Eine ökologisch-ökonomische Kosten-Nutzenrechnung konnte mit den vorhandenen Unterlagen für die einzelnen Betriebe nicht aufgestellt werden.

3.9.4 Diskussion der empirischen Resultate

Einundzwanzig Werke konnten wir in Brasilien und Indien persönlich besuchen. Neben zwei deutschen und sechs brasilianischen Werken handelte es sich dabei um 13 Werke mit mehrheitlich schweizerischem Einfluss. Diese Firmen erhalten von ihrer Mutterfirma strenge Umweltkonzepte. Die Implementierung dieser Richtlinien ist aber in keinem von uns untersuchten Konzern abgeschlossen. Gerade in jüngster Zeit verzichten viele Firmen darauf, ihre geplanten Umweltinvestitionen in die Realität umzusetzen.

Während die bestehenden Umweltschutzmassnahmen Auskunft geben über ein objektives Potential an Know-how für den betrieblichen Umweltschutz, werden die Firmen von externen Faktoren beeinflusst, die eine Implementierung des theoretisch möglichen Potentials an Umwelttechnologie einschränken. Wir befragten daher die Firmen nach externen Einflussgrössen, die verhindern, dass alle ökologisch wünschbaren Massnahmen wirklich implementiert werden. Die durch uns in Brasilien befragten Firmen haben hauptsächlich zwei Begründungen erwähnt, warum zur Zeit weniger Investitionen und damit auch weniger Umweltschutzinvestitionen getätigt werden: Einerseits ist es die Benachteiligung des ausländischen Kapitals und andererseits die Öffnung der Märkte.

(1) Benachteiligung des ausländischen Kapitals: Einem ausländischen Investor war es bis vor kurzem, ausser bei der nationalen Entwicklungsbank, nicht möglich, langfristige Kredite zu erhalten. Die Entwicklungsbank kennt aber bei der Kreditvergabe die Drittelsparität. Das heisst, ein zu finanzierendes Projekt darf nur zu einem Drittel in ausländischen Händen sein. Das zweite Drittel muss von einer nationalen juristischen Person vertreten werden, und das letzte Drittel muss durch einen Staatsbetrieb abgedeckt werden.

(2) Obschon die Öffnung der Märkte von allen Experten positiv aufgenommen wurde, hat diese Massnahme für die Investitionsentscheide doch eine völlig neue Situation geschaffen. Bis anhin galten für eine Investition in Brasilien die Regeln für geschlos-

sene Märkte. Wollte das grosse Marktpotential ausgenutzt werden, musste notgedrungen in Brasilien investiert werden. Nun stehen aber alle Investitionen in Konkurrenz mit dem Weltmarkt. Die Parameter Investitionssumme, Rohstoffpreise, Kapitalkosten und Lohnkosten müssen mit jenen alternativer Produktionsstandorte auf der ganzen Welt verglichen werden. Die Kapitalkosten sind einerseits viel höher (70 %) als in vergleichbaren Ländern, die Lohnkosten andererseits relativ niedrig. Diese können aber nie derart niedrig sein, dass sie die hohen Kapitalkosten ausgleichen.

Diese Aussagen decken sich sehr gut mit einer Befragung von acht der wichtigsten MNUs in Sao Paulo (de Alguiar, 1991), die im August 1991 durchgeführt wurde. Das Resultat dieser Untersuchung zeigt, dass die Firmen zur Zeit nur sehr zurückhaltend neue Investitionen tätigen. Folgende Gründe werden von den befragten Führungskräften aufgezählt:

(1) Inexistenz klarer Regeln, wie Patente etc.

(2) Diskriminierung des ausländischen Kapitals durch höhere Besteuerungsraten

(3) Die zunehmende Inflationsrate

(4) Schwindendes Vertrauen, dass Präsident Collor seine Ziele verwirklichen kann.

Eine Untersuchung der Beratungsfirma Price Waterhouse (Winter 1991) zeigt ebenfalls, dass viele Firmen zwar grosse Möglichkeiten auf dem brasilianischen Markt sehen, dabei aber zweifeln, ob ein rechtzeitiger 'return on investment' bei den bestehenden Rahmenbedingungen je möglich sein wird.

Auch in Indien sind schweizerische Firmen zur Zeit unserer Untersuchungen sehr zurückhaltend mit Investitionen. Folgende Gründe bringen viele schweizerische MNUs dazu, bei ihren Tochterunternehmungen in Indien keine neuen Investitionen mehr zu tätigen:

(1) Die schwerfällige Bewilligungspraxis der Behörden verlangt, dass immer mehrere Gesuche parallel eingereicht werden müssen.

(2) Die intensive Besteuerung von Gütern und Kapital. Die Mehrwertsteuer kann bis zu 30% betragen, die Gewinnsteuer liegt in einigen Bundesstaaten noch höher.

(3) Die marktverzerrende Unterstützung von ineffizienten Kleinunternehmen. Aus arbeitsmarktpolitischen Gründen wird von der indischen Regierung vor allem die Produktion in Kleinbetrieben gefördert.

Trotz des grossen Potentials des indischen Marktes führen all diese Gründe dazu, dass es schweizerische MNUs vorziehen, in anderen Staaten zu investieren. Ein Paradebeispiel stellt der Entscheid der Firma ABB dar. Ursprünglich war geplant, mit einer Investition von einigen Milliarden Franken ein regionales Fabrikationszentrum für Südasien in Bangalore zu erstellen. Wegen der schleppenden Bewilligungspraxis, die durch die beiden Regierungswechsel 1990 noch verstärkt wurde, hat ABB beschlossen, diese Rieseninvestition nach Thailand zu verlegen.

Ein schwacher Support durch das Mutterhaus wirkt sich auch negativ auf die Umweltschutzinvestitionen aus. Wo keine finanzielle oder know-how-mässige Unterstützung aus der Schweiz erwartet werden kann, wird eine Massnahme zum Schutze der natürlichen Ressourcen nur zaghaft eingeführt. Auch die Zusammenarbeit zwischen den benachbarten Tochterfirmen verschiedener MNUs, die für viele Entsorgungsmassnahmen sinnvoll wäre, ist betroffen. Die Unsicherheiten und zurückhaltenden Investitionsentscheide führen zu einem gewissen gegenseitigen Misstrauen.

Die verschiedenen Umweltprobleme, wie sie auf der Darstellung 3-16 zum Ausdruck kommen, sind je nach Branche sehr unterschiedlich relevant. Im Sinne einer Erläuterung wollen wir die ökologische Herausforderung der 5 Branchen, in denen wir mehrere Fallbeispiele untersuchten, kurz zusammenfassen.

3.9.5 Ökologische Herausforderung der Nahrungs- und Genussmittelbranche

Die Nähe zum Konsumenten und damit zum Absatzmarkt war die Hauptmotivation für die Produktionsstandortwahl von vier der untersuchten fünf Betriebe. Umweltbelastungen können in der Nahrungs- und Genussmittelbranche durch organisch belastete Abwässer, durch Geruch oder Lärm und durch Emission von Kühlmitteln (FCKW) entstehen. Insgesamt sind aber die Belastungen durch diese Branche eher gering. Dies hat dazu geführt, dass der betriebliche Umweltschutz mit einer Investitionsrate von 2 % der Gesamtinvestitionen im Vergleich zu vielen anderen Branchen lange Zeit etwas vernachlässigt wurde. Betriebswirtschaftlich gesehen handelt es sich dabei jedoch um eine fahrlässige Haltung. Mit der zunehmenden Sensibilisierung der Bevölkerung für Umweltprobleme wird dadurch das Image der Firmen stark strapaziert. Der Konsument kann heute in der Nahrungsmittelbranche oft zwischen mehreren gleichwertigen Produkten von konkurrierenden Firmen wählen und wird daher den Firmennamen als Qualitätskriterium in starkem Masse in sein Auswahlverfahren einbeziehen. Wie in keiner der anderen Branchen kann die breite Öffentlichkeit eine Firma direkt bevorzugen oder ablehnen. Methoden wie Green-Labels werden dieser Tatsache in verstärktem Masse gerecht.

Auch in Brasilien plant nun die Nahrungsmittelbranche beträchtliche Investitionen zum Schutze der Umwelt. Bereits reinigen die Betriebe der Firma Nestlé ihre Abwässer in 12 von 17 Betrieben entsprechend den gesetzlichen Normen. In naher Zukunft soll auch die Situation bei den über hundert Milchsammelstellen verbessert werden. Zusätzlich ist bis 1995 geplant, konzernweit die Kühlmittel auf FCKW-Basis durch Ammoniak zu ersetzen.

3.9.6 Ökologische Herausforderung der Chemie- und Pharmabranche

Die Produktionsstandorte im Pharmabereich und zum grossen Teil auch im Bereich der Agro- oder Farbstoffchemie wurden ebenfalls primär aus Gründen der Nähe zu den Absatzmärkten gewählt. Es wurden sechs schweizerische und zwei deutsche Werke in Indien und Brasilien besucht. Potentielle Umweltbelastungen sind in weiten Bereichen der Produktion möglich. Mit den Massnahmen zur Abwasserreinigung kann mit einer Ausnahme in allen untersuchten Betrieben die gesetzliche Norm erfüllt werden. Die breite Palette von Produktionen innerhalb der Werke ergibt eine grosse Variabilität der Abwasserbelastung. Auch hier müssen daher in Zukunft Verbesserungen in der Abwasserreinigung hauptsächlich am Ort der Entstehung gesucht werden. Im Bereich der innerbetrieblichen Kostenrechnung wurden in einigen Betrieben als Motivation für solche Vermeidungspraktiken bereits interessante Anreizmodelle geschaffen.

Weit schwieriger gestaltet sich die Entsorgung von chemischen Reststoffen. Schwach- und mitteltoxische Stoffe müssen auf einer gesicherten Deponie endgelagert werden. Vier solcher Deponien bestehen erfreulicherweise bereits. Eine sorgfältige Deponierung ist auf lange Frist äusserst kostenminimierend. Sanierungen von schlecht geführten Deponien können finanzielle Folgen in Hunderten von Mio. SFr. nach sich ziehen. Hochtoxische Stoffe müssen hingegen zuerst in einem Hochtemperaturofen verbrannt werden. Anlagen dieser Art sind in zwei Werken in Betrieb und in drei weiteren geplant.

Interessante Massnahmen sind im Bereich der Verringerung von Störfällen implementiert. Der ganze Bereich der Massnahmen zur Luftreinhaltung ist hingegen in praktisch allen besuchten Werken noch sehr rudimentär entwickelt. Die schweizerischen und deutschen Tochterfirmen haben aber erkannt, dass hier ein Handlungsbedarf besteht. Zum Teil beginnen die Firmen, Luftreinhaltemassnahmen zu entwickeln. Da die gesetzlichen Grundlagen noch nicht vorhanden sind, können diese Firmen den Rhythmus der Zusatzinvestitionen noch selber festlegen und damit kostengünstiger als jene Firmen handeln, die zuerst auf die gesetzlichen Bestimmungen warten und dann gezwungen werden, innert einer kurzen Übergangszeit zu reagieren. Im Vergleich zu anderen Branchen sind hier im Bereich der Umweltschutz-Software bereits interessante Ansätze vorhanden. So gehören z.B. Umwelt-Audits durch die Konzernleitung bei den schweizerischen Firmen seit Jahren zur Routine.

3.9.7 Ökologische Herausforderung der Zellstoffindustrie

Der Rohstoff Holz ist in vielen Entwicklungsländern billiger als in den Industrieländern, den eigentlichen Absatzmärkten für den Zellstoff. Diese Preisdifferenz bleibt auch bei der

Berücksichtigung der Transportkosten bestehen. Daher wählten die drei untersuchten Firmen ihren Produktionsstandort in Brasilien und in Chile. Ein aus ökologischer Sicht modernstes Werk befindet sich überraschenderweise ebenfalls in einem Entwicklungsland. Schon bei der Rohstoffbewirtschaftung müssen die Gesetze der Ökologie berücksichtigt werden. Die grosse Biomassenproduktion muss z.T. noch mit hohem Einsatz von Agrochemikalien sichergestellt werden. Bereits sind aber einige biologische Massnahmen bekannt, die eine längerfirstige Nutzung der Rohstoffquellen garantieren können.

Beim industriellen Zellstoffaufschluss gilt es, das Entstehen von organischen Schwefelverbindungen zu verhindern. Durch die Emission dieser Schadstoffe gehen grössere Mengen wertvoller Hilfsstoffe verloren. Hier ist weitere Forschungs- und Entwicklungsarbeit nötig, da zum Teil noch keine wirtschaftlichen Vermeidungstechnologien bestehen, die eine Nullemission garantieren.

Die strengeren Anforderungen des Umweltschutzes und die steigende Nachfrage nach chlorfreiem Zellstoff bewirken einen doppelten Anreiz, um auch in der Bleichungsphase neue Methoden zu entwickeln. In diesem Bereich werden auch in Entwicklungsländern bedeutende Fortschritte erzielt. Diese Massnahmen können sich bereits recht kurzfristig betriebswirtschaftlich auszahlen.

3.9.8 Ökologische Herausforderung in der Verarbeitung von Steinen und Erden

Wir untersuchten sechs Zement-, Tonerde- und Keramikbetriebe. Aus Gründen des hohen Transportkostenanteils muss in dieser Branche bei der Wahl des Standortes danach getrachtet werden, dass die ersten Verarbeitungsschritte in der Nähe der Rohstoffvorkommen getätigt werden können.

Die Produktionsprozesse bedingen den Einsatz grosser Energiemengen. In zwei Betrieben wurden bereits interessante Massnahmen zur Verbesserung der Energieeffizienz entwickelt. Im weitern wurden in fünf Werken grosse Investitionen zur Rückgewinnung der staubförmigen Rohstoffpartikel getätigt. Diese Umweltschutzinvestitionen können einen Anteil von über 5% der Gesamtinvestitionen ausmachen. Solche Massnahmen erhöhen nicht nur die Umweltverträglichkeit der Produktion, sondern sie wirken sich - und dies sehr kurzfristig - äusserst positiv auf den Geschäftsgang aus. Weit weniger evident sind die betriebswirtschaftlichen Vorteile von Massnahmen zur Reduktion der Emission von Stickoxyden oder Schwefelverbindungen. Solche Umwelttechnologien wurden vielfach bisher zu wenig ernsthaft geprüft. In naher Zukunft müssen aber auch hier Massnahmen getroffen werden. Wertmässig handelt es sich um Investitionen in der Grössenordnung von weniger als 1% der Gesamtinvestitionen.

Soll in den Abbaugebieten eine naturnahe Landschaft wieder hergestellt werden, so stellt diese Aufgabe eine echte Herausforderung dar. Erste Versuche haben in allen Fallbeispielen gezeigt, dass jedoch grosse finanzielle Folgekosten zu erwarten sind. Zwei Firmen sind daher dazu übergegangen, mittels Rückstellungen den zukünftigen Aufwand abzusichern.

3.9.9 Ökologische Herausforderung der Maschinenindustrie und der Energiewirtschaft

Umweltbelastungen bei der Herstellung von Maschinen und insbesondere von solchen zur Erzeugung von Energieträgern sind nicht sehr relevant. Weit grösser sind die potentiellen Umweltbelastungen beim Betrieb dieser Maschinen. Die Grossanlagen in Indonesien, Indien oder Brasilien wurden auf Bestellung von einer Lieferfirma produziert. Der Einbezug von ökologischen Kriterien beim Anlagebau kann daher von dieser nur vorgeschlagen, nicht aber endgültig bestimmt werden. In den untersuchten Fallbeispielen kamen die Massnahmen zur Reduktion von Umweltbelastungen aus Kostengründen immer zu kurz. Als Folge davon sind die daraus resultierenden Belastungen von Wasser und Luft in allen Fällen erheblich.

3.9.10 Qualitative Zusammenfassung der Resultate

Die Analyse des 'state of the art' der Umweltschutzmassnahmen schweizerischer Firmen in weniger entwickelten Staaten ergibt bei der Auswertung unserer verschiedenen Fallbeispiele folgende Schlussfolgerungen:

(1) Die Firmen sind dazu übergegangen, eine dauerhafte Nutzung der natürlichen Ressourcen zu fördern, und sind überzeugt, dass **ökologische**, soziale und wirtschaftliche **Verantwortung** gleichwertige Unternehmensziele bilden. Als logische Folge davon werden billigere Produktionskosten aufgrund von geringen umweltpolitischen Auflagen oder tieferen Lohnniveaus nur als untergeordnete Gründe für eine Standortwahl beurteilt.

(2) Die meisten Firmen erhalten von ihrer Mutterfirma strenge **Umweltkonzepte**. Doch der Grad der Implementierung dieser Richtlinien zeigt in einigen Fällen und aus bestimmten Gründen einen Nachholbedarf.

(3) Der Anteil der **Kosten** für Umweltschutzinvestitionen an den Gesamtinvestitionen wird in der Regel zu hoch geschätzt. In keinem von uns untersuchten Industriebetrieb in Indien oder Brasilien wurden mehr als 4 % der Investitionen für 'clean technologies' ausgegeben.

(4) Es erweist sich als günstiger, die Produktion frühzeitig dem neuesten umwelttechnischen Stand anpassen und damit strenger werdende Umweltgesetze zu **antizipieren**,

als erst nachträglich auf neue Gesetze zu reagieren. Denn oft sind die gesetzlichen Übergangsfristen für eine Anpassung sehr kurz.

(5) Abwasserreinigungsanlagen oder moderne Filteranlagen nach dem 'End of the pipe'-Prinzip wurden praktisch in allen Werken eingeführt. Weniger häufig kommen hingegen jene neu entwickelten Produktionsmethoden zur Anwendung, die speziell darauf ausgelegt sind, Umweltbelastungen bereits zu Beginn der Produktion zu verhindern.

(6) Umweltrelevante Technologien oder umweltrelevantes Know-how, auch 'clean technologies' genannt, können in Hardware und **Software** eingeteilt werden. Die an sich wichtigere Software, also das Wissen, wie Umweltschutz in einem Betrieb organisiert und implementiert werden kann, wird oft vernachlässigt.

(7) Die Geschäftsleitungen der besuchten Firmen sind sich der ökologischen Herausforderungen ihrer Produktion bewusst und sind in der Regel daran, die nötigen organisatorischen Massnahmen zu treffen. Sie bestimmen vielfach einen **Umweltbeauftragten.**

(8) Betriebliche Informationssysteme zu Themen des Umweltschutzes wurden praktisch noch keine eingeführt. Deshalb ist es nicht möglich, **Daten** über Umweltbelastungen oder **über Kosten und Nutzen** von Umweltschutzmassnahmen auszuwerten.

(9) Viele benachbarte Firmen in einem Industriegebiet eines weniger entwickelten Landes haben ähnliche Umweltschutzprobleme zu lösen. Sachlich sinnvolle ökologische **Gemeinschaftsprojekte**, z.B. in der Abfallentsorgung, scheitern jedoch meistens aus psychologischen Gründen.

Wir haben nun im vorliegenden Kapitel 3 Möglichkeiten und Grenzen des betrieblichen Umweltschutzes kennengelernt. Dabei konnten wir einerseits feststellen, dass die bekannten Umweltschutzmassnahmen in den Entwicklungsländern noch besser ausgeschöpft werden könnten. Andererseits zeigte sich, dass verschiedene institutionelle Rahmenbedingungen (z.B. Wirtschaftspolitik) eine nachhaltige industrielle Entwicklung eher behindern als fördern. In Kapitel 4 sollen nun einige Massnahmen diskutiert werden, die mithelfen könnten, dass die Anstrengungen im Bereich des betrieblichen Umweltschutzes der schweizerischen MNUs noch vermehrt eine Breitenwirkung in den industriell-urbanen Gebieten von Entwicklungsländern bewirken.

4 Förderung des Transfers umweltrelevanter Technologie

4.1 Einleitung

Wir kennen nun den 'state of the art' der umweltrelevanten Massnahmen von schweizerischen Projekten in industriell-urbanen Gebieten der Entwicklungsländer. Wir haben gesehen, dass damit bereits ein aktiver Beitrag an eine nachhaltige Entwicklung in diesen Gebieten geleistet wird. Zusätzlich haben wir erkannt, dass das vorhandene umweltpolitische Instrumentarium dieser Staaten kaum geeignet ist, Anreize zu schaffen, damit dort noch in vermehrtem Mass innovative Lösungen im Bereich des betrieblichen Umweltschutzes entwickelt und umgesetzt werden.

Sollen aber die Länder des Südens die scheinbar diametral entgegengesetzten Ziele des wirtschaftlichen Wachstums einerseits und des Schutzes der natürlichen Ressourcen andererseits vereinen können, so bedarf dies einer weiteren Verbesserung der aktuellen Technologie. Darum soll zum Schluss dieser Studie diskutiert werden, ob der schweizerische Bundesstaat mit seinen aussenpolitischen Institutionen mithelfen könnte, den Prozess einer nachhaltigen Entwicklung in den untersuchten Gebieten zu beschleunigen.

Mit anderen Worten, wir möchten untersuchen, ob Teile der öffentlichen Verwaltung die Förderung des Transfers von umweltrelevanten Technologien aus der Schweiz in Entwicklungsländer in vermehrtem Mass mitunterstützen könnten. Englisch werden diese umweltrelevanten Technologien 'clean technologies' genannt. Wir verstehen darunter Methoden, die unter gleichzeitiger Schonung der Umwelt und ihrer natürlichen Ressourcen helfen, eine grössere Produktivität zu erreichen. Mindestens in naher Zukunft wird dieser Austausch von sauberen Technologien noch sehr einseitig von Nord nach Süd verlaufen. Aus diesem Grund wird diese Zusammenarbeit im Bereich der sauberen Technologien meist mit 'Technologie-Transfer' umschrieben. Um zu zeigen, dass Sender und Empfänger gleichwertige Partner sind, und um einen späteren Transfer von umweltrelevanter Technologie von einem Land des Südens in ein weiteres Land offenzulassen (Straubhaar 1986), spricht die Literatur in jüngster Zeit von Technologie-Zusammenarbeit (technology co-operation). Wir werden in der Folge die beiden Begriffe 'Technologie-Transfer' und 'Technologie-Zusammenarbeit' synonym verwenden.

Aus der unternehmerischen Funktion des Marketings kennen wir vier absatzpolitische Instrumente: Produktegestaltung (Product), Preisgestaltung (Price), Wahl des Absatzweges (Place) und Wahl der Kommunikationsmittel (Promotion). Im angelsächsischen Raum werden diese vier Instrumente nach einem Konzept von McCarthy die vier 'P' des Marketings genannt (Thommen 1991: 144).

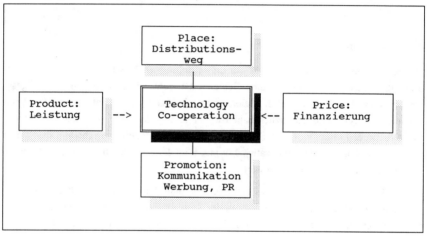

Darstellung 4-1:   Die vier klassischen 'P' für die Technologiezusammenarbeit mit Entwicklungsländern

In Analogie zu den klassischen absatzpolitischen Aufgaben im Bereich des Konsum- oder Investitionsgütermarketings wollen wir eine staatliche Föderung des Transfers von umweltrelevanten Technologien in den nächsten Teilkapiteln (4.2 - 4.5) ebenfalls auf diesen vier Ebenen diskutieren (Darstellung 4-1).

4.2   Produktegestaltung: Umweltrelevante Technologie als Produkt oder Dienstleistung

Hier geht es darum, zu untersuchen, ob weitere Teile des in der Schweiz bereits bestehenden Angebots an umweltrelevanter Technologie so gestaltet werden können, dass sie in ein Entwicklungsland transferiert werden können und dort auch Aussicht haben, die ökologische Situation zu verbessern. Wir wollen uns bei der Diskussion über das Angebot an sauberen Technologien explizit auf solche beschränken, die in Zusammenhang mit industriellen Produktionsprozessen stehen. Diese Einschränkung erfolgt aufgrund der Fragestellung der ganzen Studie und daher unabhängig von der Tatsache, dass in der Schweiz ein breites Angebot an umweltrelevanten Technologien auch für den Forst- und Landwirtschaftsbereich zur Verfügung stehen würde.

Die Förderung einer technologischen Zusammenarbeit mit Entwicklungsländern beginnt bereits in der Schweiz. Durch eine entsprechende Gesetzgebung können die Schweizer Produzenten direkt veranlasst werden, umweltrelevante Technologien zu suchen, zu finden und anzuwenden. Daher kann die Schweiz mit einer progressiven Umweltpolitik nicht nur im eigenen Land unmittelbar einen Umwelteffekt erzielen, sondern vielmehr die Schaffung eines neuen Know-hows veranlassen, das als Grundlage für einen umweltrelevanten Technologie-Transfer eine unabdingbare Voraussetzung bilden wird.

Bei der Suche nach bereits bestehender umweltrelevanter Technologie zum Zwecke des Transfers in Entwicklungsländer gilt es primär jene Technologien zu identifizieren, die einerseits an die besonderen Rahmenbedingungen in Entwicklungsländern angepasst werden können und bei denen andererseits die schweizerischen Forschungs- und Entwicklungsabteilungen aufgrund von Innovationsvorsprüngen oder aufgrund von geringen Produktionskosten einen klaren komparativen Vorteil gegenüber anderen Ländern haben.

Mitgeprägt durch die Rolle der Schweiz als wichtiger 'Denkplatz' in Europa oder als ein Land mit z.T. langer Tradition im Umweltschutz (z.B. Gewässerschutz) sind in schweizerischen Forschungsinstituten sowie in industriellen Unternehmungen verschiedenste Technologien entwickelt worden, die sehr wohl geeignet sind, die Umweltbelastung in Entwicklungsländern zu verringern.

Die folgenden Beispiele sollen exemplarisch zeigen, in welchen Bereichen die schweizerische Industrie eine mögliche Nachfrage an umweltrelevanter Technologie befriedigen könnte. Es handelt sich dabei um Technologien, die bereits in die Entwicklungsländer transferiert wurden oder aber unserer Meinung nach geeignet sind - die übrigen 3 'P' vorausgesetzt -, dorthin transferiert zu werden. Die Auswahl stützt sich auf die Informationen aus unseren Gesprächen mit Vertretern der im Anhang erwähnten Firmen. Die Beispiele stammen aus dem Bereich der Software. Für den Bereich der Hardware sei auf die Teilkapitel 3.3 - 3.8 verwiesen. Dort wurden, nach Branchen geordnet, Beispiele schweizerischen Transfers umweltrelevanter Technologien im Detail behandelt.

(1)　Im Bereich von Gesamtkonzepten zeigt uns eine Sichtung der Literatur zum Thema 'Umweltschutz in Entwicklungsländern', dass von schweizerischen Universitäten sowohl für den Umweltschutz im industriell-urbanen Bereich als auch im ruralen, ländlichen Raum gute Gesamtkonzepte erarbeitet wurden (z.B. Messerli et al. 1987; Dyllik 1990).

(2)   Schweizerische Konzepte zur Abfallbewirtschaftung (Colombi 1991) wurden bereits den besonderen Bedingungen der Entwicklungsländer angepasst.

(3)   Um die Implementierung von geplanten Umweltschutzmassnahmen zu überprüfen, hat sich ein besonderes Kontrollsystem eingebürgert. Dieses sogenannte 'Environmental Audit' wird namentlich von den schweizerischen Unternehmungen der chemischen Industrie in Entwicklungsländern mit Erfolg eingesetzt.

(4)   In jüngster Zeit wurden neue Computersysteme entwickelt, die traditionelle numerische Modelle mit Elementen der künstlichen Intelligenz und mit räumlichen Datenbanken (GIS) kombinieren. Mit solchen Entscheidungshilfen (Decision Support Systems) können unter Berücksichtigung der lokalen, natürlichen und sozioökonomischen Rahmenbedingungen (aus der GIS- Datenbank) dynamische Vorgänge in der Luft oder im Wasser simuliert, beschrieben und beurteilt werden. Durch Simulation verschiedener Störfälle oder anderer Umwelteinwirkungen konnte zum Beispiel in Thailand der bestmögliche Standort für ein thermisches Kraftwerk gefunden werden (Fedra 1991).

(5)   In den Bereich der Simulation fällt auch das Computerprogramm SAFER (Trachsel 1991) der Sandoz AG. Unter Berücksichtigung der Topographie und verschiedener Wetterlagen ist es möglich, die Ausbreitung von Gaswolken (z.B. bei Störfällen) zu berechnen.

(6)   Verschiedene schweizerische Planungs- und Beratungsfirmen haben grosse Erfahrung in der Evaluation der Umwelteinwirkungen von Grossprojekten. Solche Umweltverträglichkeitsberichte müssen auch in Entwicklungsländern vermehrt erstellt werden.

(7)   Spätestens seit dem Unfall in Schweizerhalle sind die potentiellen Gefahren von Lagerhäusern bekannt. Zur Vermeidung von Unfällen bei der Lagerung, dem Transport und dem Gebrauch von Agrochemikalien hat die Sandoz ein neues Konzept erarbeitet, wonach durch gezielte Schulungs- und Kontrollmassnahmen Unfälle beim Umgang mit Chemikalien bestmöglich verhindert werden können. Die Lagerhauschefs und die Verkäufer von Agrochemikalien werden über die neuesten Sicherheitsvorkehrungen orientiert, und ihre Arbeit wird periodisch vom Headoffice überprüft. Für den Transport von gefährlichen Stoffen wird jeweils ein Sicherheitshandbuch mitgegeben, welches auch in die entsprechenden lokalen Sprachen übersetzt wird.

4.3   Mögliche Wege des Transfers von umweltrelevanter Technologie

Primär gilt es hier, die Frage zu klären, ob eine Zusammenarbeit im Bereich der sauberen Technologien auf privatwirtschaftlicher Ebene ausreichend in Gang gebracht werden kann oder ob für einen Transfer solcher Technologien bestehende bzw. noch zu schaffende staatliche Kanäle erforderlich sind.

Vertreter der Entwicklungsländer sind überzeugt, dass ein freier Zugang zu umweltrelevanten Technologien aufgrund der strengen Bestimmungen des Immaterialgüterrechtes nicht gewährleistet sei. Diese Staaten verlangen daher, dass zusätzlich über staatliche Wege umweltrelevante Technologie zur Verfügung gestellt werden sollte.

Es ist zweifellos richtig, dass technologische Entwicklungen oft patentrechtlich geschützt sind. Die Entwicklung von neuen Technologien bedeutet für viele Firmen eine entscheidende Chance, sich für eine gewisse Zeitdauer einen komparativen Vorteil auf dem Markt zu verschaffen. Bei Neuentwicklungen besteht aber immer eine gewisse Gefahr, dass unberechtigte Nachahmer vom gleichen komparativen Vorteil profitieren können, ohne vorher die Kosten der Entwicklung getragen zu haben. Um diese Spillovers zu vermeiden, muss eine ausschliessliche Nutzung von Neuentwicklungen durch den Erfinder gesetzlich garantiert werden. Erst durch einen solchen patentrechtlichen Schutz entsteht ein Anreiz, neues Kapital für die Forschung und Entwicklung von innovativen Neuerungen zu investieren.

In Zusammenarbeit mit dem Planungsbüro INFRAS gingen wir im Auftrag der DEH der Frage konkret nach, ob patentrechtliche Schutzmassnahmen tatsächlich eine charakteristische Behinderung für einen freien Zugang zu umweltrelevanter Technologie darstellen. Wir kommen, wie einige parallele Untersuchungen (Touche/Ross 1991, OECD, 1991) zum Schluss, dass die Frage der Patentrechte den Transfer von sauberer Technologie nicht massgebend beeinflusst (INFRAS 1991). Während wir unsere Aussage auf die Erfahrungen mit den in Kapitel 3 diskutierten Fallbeispielen basierten, hat die OECD im Sommer 1991 eine empirische Untersuchung bei über hundert Firmen in Entwicklungsländern und in ehemaligen Staatshandelsländern durchgeführt. Die befragten Anbieter von Umwelttechnologie waren der Meinung, dass in ihrer Branche die Entwicklungen so schnell durch neuere ersetzt würden, dass sie dem Patentschutze nicht sehr viel Gewicht beimessen müssten. Auch die befragten Empfänger von solchen Technologien massen dem Patentschutz keine entscheidende Bedeutung bei. Sollte ein solcher für gewisse Technologien bestehen, so würden die Lizenzgebühren bei der Frage für oder gegen den Einsatz von sauberen Technologien nicht entscheidend sein.

Für unsere Fragestellung können wir daher folgern, dass die Kanäle der Privatwirtschaft genügen, um den Transfer von sauberen Technologien weiter auszubauen. Folgende Formen der Zusammenarbeit sind denkbar:

(1) Ein sehr häufiger Weg für den Transfer von umweltrelevanter Technologie bleibt die **Direktinvestition** von schweizerischen multinationalen Unternehmungen.

(2) Im Bereich der Infrastrukturanlagen (z.B. Energieproduktion) entsteht ein Transfer von umweltrelevanter Technologie meistens im Zusammenhang mit dem Erstellen einer schlüsselfertigen Anlage (**turn-key operation**).

(3) In jüngster Zeit gehen immer mehr Firmen dazu über, 'End of the pipe'-Technologien durch Produktionsprozesse zu ersetzen, die gar nicht erst Schadstoffe entstehen lassen. Das Know-how für solche umweltfreundlichere Produktionsprozesse kann über den Weg von **Lizenzen** oder durch den Verkauf von Patenten transferiert werden. Es wird dabei unterschieden zwischen der Übertragung des Rechts zur einfachen Nutzung einer patentgeschützten Technologie und einer gleichzeitigen Übertragung der Rechte, die Technologie selber weiter zu vertreiben. Im zweiten Falle kann natürlich eine breitere ökologische Effizienz durch eine Neuentwicklung erreicht werden.

(4) Viele Grossfirmen unterhalten seit einiger Zeit eine eigene Stabsstelle für Umweltfragen. Für kleinere und mittelgrosse Firmen ist eine solche permanente Institution hingegen oft nicht sinnvoll. Temporär Umweltschutzspezialisten im Sinne von **Consulting**aufträgen zur Verfügung zu stellen, wäre daher ein gangbarer Weg, wie umweltrelevantes Know-how von grossen Firmen an kleinere weitergegeben werden könnte.

(5) Stärker genutzt werden müsste unserer Meinung nach die Möglichkeit des Transfers von umweltrelevanter Technologie zwischen den schweizerischen Umweltbehörden und ihren Partnern in Entwicklungsländern. Neben Fragen der Ausbildung (Kapitel 4.5.2) wäre auch der Transfer von Messgeräten sehr zu fördern.

(6) Beim Festlegen von Umweltnormen fehlen den Behörden häufig Daten bezüglich der wirtschaftlichen und technischen Machbarkeit von gesetzlich vorgeschriebenen Umweltschutzmassnahmen. Werden unrealistische Massnahmen verfügt, gefährden die vielen Ausnahmeregelungen die ökologische Effizienz. Daher müsste ein weiterer möglicher Weg der Übertragung umweltrelevanter Technologie von privater Seite her zu den Regierungsbehörden verlaufen (**Lobbying**). Denkbar wäre zum Beispiel eine Beratung der Umweltschutzgesetzgeber durch Vertreter einer Industriebranche. Dieser Vorgang ist jedoch politisch recht heikel und kann als Beeinflussung missinterpretiert werden.

(7) In nächster Zukunft wird ein Zugriff auf zentrale Umweltdatenbanken durch moderne Methoden der Telekommunikation weiter vereinfacht. In Entwicklungsländern fehlen meistens lange Messreihen in Zusammenhang mit Umweltveränderungen. Durch den Vergleich mit Daten aus anderen Ländern könnten z.B. in beschränktem Masse Veränderungen der Umwelt in jüngster Zeit besser interpretiert werden.

Mit dieser möglicherweise unvollständigen Liste erhalten wir ein sehr breites Bild, wie umweltrelevante Technologie aus der Schweiz in Entwicklungsländer z.T. bereits transferiert wird und in Zukunft in vermehrtem Mass transferiert werden könnte. Immerhin sei erwähnt, dass auch staatliche Institutionen (Forschungsstellen der Hochschulen u.a.) über umweltrelevante Technologien verfügen. In diesem Bereich ist ein Transfer durch die öffentliche Hand durchaus sinnvoll und auch möglich.

4.4 Preis und Finanzierung von umweltrelevanter Technologie

4.4.1 Einleitung

Eine förderliche Preispolitik bedeutet für die meisten grenzüberschreitenden Transfers von Produkten und Dienstleistungen nicht nur Preisgestaltung im engeren Sinne, sondern vielfach auch Festlegung der Zahlungsbedingungen und Finanzierungsarten (Goldberger: 82). Auch in unserem Beispiel eines Transfers von umweltrelevanter Technologie kann eine Anpassung des Preises an die Marktbedingungen allein nicht genügen. Der Erlös muss bei vielen umweltrelevanten Technologien einerseits die Forschungs- und Entwicklungskosten und andererseits die Transferkosten reflektieren. Eine künstliche Verbilligung der Preise allein würde in vielen Fällen keine Garantie für einen erfolgreichen Transfer von umweltrelevanter Technologie bedeuten.

In den meisten Entwicklungsländern werden zur Zeit mit den üblichen Finanzierungsarten immer weniger Investitionen getätigt. Gemäss den Aussagen unserer Interviewpartner werden Investitionsentscheide vor allem auf ihre kurzfristige Rentabilität untersucht. Hauptgrund dazu sind die polit-ökonomischen Rahmenbedingungen, wie wir sie für Indien und Brasilien beschreiben konnten. Bei Ausgaben für umweltrelevante Technologie kommt erschwerend hinzu, dass es sich häufig, zumindest kurzfristig, um unrentable Investitionen handelt. Die folgende Darstellung soll zeigen, dass die Fristigkeit der Betrachtung bei der Beurteilung von Umweltschutzinvestitionen zentral ist. Wir gehen von einer Verschärfung der Umweltpolitik in einem Land aus. Als Reaktion ist ein industrieller Betrieb gezwungen, eine umwelttechnologische Investition zu tätigen. Auf kurze Sicht gesehen, bedeutet dieser

Zwang für ein verstärktes Umweltschutzengagement fast immer eine Benachteiligung gegenüber der umweltverschmutzenden Konkurrenz. Bei einer längeren Sichtweise kann es - berücksichtigen wir auch die tendenziell immer strenger werdenden Umweltschutzgesetze - zu einem komparativen Vorteil gereichen, wenn eine Firma gezwungen wurde, innovative Technologien zu entwickeln. Damit kann ein komparativer Vorteil zu den Konkurrenzfirmen entstehen.

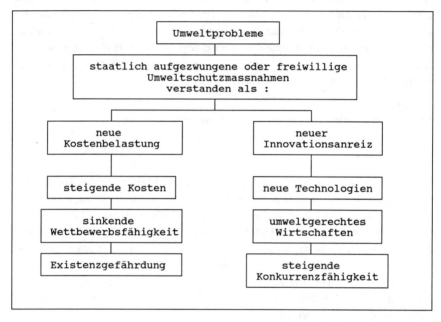

Darstellung 4-2:   Kurzfristige Kostenoptik versus langfristige Rentabilitätsoptik bei Umweltschutzinvestitionen (nach Egger 1992: 94)

Aus den genannten Gründen muss ein Konzept zur Förderung des Transfers von umweltrelevanter Technologie alternative Finanzierungsmöglichkeiten aufzeigen. Folgende Finanzquellen werden in der Literatur diskutiert und sind zum Teil in verschiedenen Ländern mit staatlicher Hilfe bereits verwirklicht:

(1)   Eine Subventionierung von umweltrelevanter Technologie

(2)   'Dept for nature swaps'

(3)   Grüne Konditionierung von kommerziellen Krediten

(4)   Umlagerung von Militärausgaben

4.4.2 Subventionierung von Umweltinvestitionen

In der Literatur zur Finanzwirtschaft wird eine Subvention von Gütern oder von Dienstleistungen dann als sinnvoll erachtet, wenn diese gesellschaftlich wünschenswert wären (Kollektivbedürfnis), im freien Markt aber nicht entstehen würden. Zusätzliche Umweltschutzinvestitionen in den industriell-urbanen Räumen der Entwicklungsländer sind gesellschaftspolitisch im höchsten Mass erwünscht, können aber, wie bereits dargelegt, nur in zu geringem Mass getätigt werden. Die staatliche Finanzierung von Umweltschutzinvestitionen bedeutet in diesem Zusammenhang eine Abgeltung von positiven externen Effekten und wäre daher vom Grundsatz her gegeben. Zusätzlich wird laut Mostafa Tolba (Exekutivdirektor der UNEP) von der Schweiz bei der Finanzierung neuer umweltschonender Technologien auf internationaler Ebene eine Mittlerrolle erwartet (AP 1991).

Als Interventionsform kristallisierte sich in unseren Interviews in Indien und Brasilien die Idee eines gemischtwirtschaftlichen Fonds heraus. Interessierte schweizerische Unternehmen, die in Entwicklungsländern tätig sind und dort Umweltschutzinvestitionen planen, würden zusammen mit der schweizerischen öffentlichen Hand ein Grundkapital zur Verfügung stellen. Aus diesem Fonds könnten zinsgünstige Darlehen in der Grössenordnung von insgesamt einigen wenigen Mio. SFr. zur Finanzierung von Umweltschutzmassnahmen gewährt werden. Finanziert werden könnten damit Investitionen für neue Produktionsmethoden, die sich nach dem Vermeidungsprinzip richten, oder Forschungs- und Entwicklungsprojekte im Bereich des Umweltschutzes. Durch diese Massnahmen müsste eine betriebliche Umweltverträglichkeit erreicht werden, die grösser ist, als es der Staat verlangt. Nach einer Frist von z.B. 10 Jahren müssten die begünstigten Unternehmen die Unterstützungsbeiträge amortisiert haben. Die Subvention besteht in diesem Fall in der Finanzierung der Zinsdifferenz zwischen einem marktüblichen und dem künstlich reduzierten Zinssatz.

Ein ähnliches gemischtwirtschaftliches Interventionsmodell hat in Brasilien sehr gute Erfolge gezeitigt. In Zusammenarbeit mit verschiedenen Staaten und der örtlichen Industrie finanziert dort die Weltbank in Industriegebieten ein interessantes Programm. Umweltschutzprojekte zur Sanierung von Industrieparks werden durch einen gemeinsamen Fonds finanziert. Die Kredite dieses Fonds werden auf 10 Jahre gesprochen. Nach einer zweijährigen Schonzeit beginnt die Amortisation mit einem Zins von 6-9 %. Parallel zur Finanzierung wird den verschiedenen Firmen auch technische Beratung gewährt. Bei einem solchen Projekt in Sao Paulo konnten innerhalb von 10 Jahren bereits 118 Umweltschutzmassnahmen mit einem Kreditvolumen von 150 Mio. SFr. in Angriff genommen werden (CETESB 1988). Das Kapital stammte zu gleichen Teilen von der Weltbank, dem Staat Sao Paulo und den betroffenen Firmen. Auch andere Institutionen wie der 'Global Environment Fund' (ein Gemeinschaftsprogramm der UNDP, der UNEP und der Weltbank) oder ein skandinavischer Fonds (ECLAC 1991) sind im Begriffe, Finanzierungsmodalitäten für den Transfer von umweltrelevanter Technologie zu verwirklichen.

Auf der anderen Seite haben wir in Kapitel 3.4.6 bereits dargelegt, dass auch ein rein privat getragener Unterstützungsfonds erfolgreich sein kann. Die Ciba-Geigy finanziert mit einem Risikofonds seit einigen Jahren Projekte in Entwicklungsländern, die aus strategischen Überlegungen wünschenswert sind, die aber aufgrund ihrer erst langfristigen Rentabilität ohne diese Unterstützung nicht getätigt werden. Es stellt sich daher die Frage, ob eine staatliche Mitträgerschaft eines Förderungsfonds überhaupt nötig ist.

Dickertmann und Diller (1987, 1989) veröffentlichten verschiedentlich vier Kriterien zur Beurteilung einer Subvention. Wir wollen daher die Vor- und Nachteile einer finanzwirtschaftlichen Intervention im Rahmen des genannten gemischtwirtschaftlichen Fonds an diesen Kriterien prüfen.

(1) 'Nach dem Grundsatz der **Subsidiarität** sollen Subventionen stets als Hilfe zur Selbsthilfe gewährt werden' (Dickertmann, Diller 1987: 167). Die Gegner einer staatlichen Beteiligung weisen darauf hin, dass ein gemischtwirtschaftlicher Fonds falsche Anreize schaffe und zu einer Vernachlässigung der Eigenverantwortung führen könne. Dieser Effekt der Abnahme der privaten Leistungsbereitschaft bei staatlichen Garantieleistungen wird in der Literatur 'moral hazard' genannt (WiSt 1989: 626). Diejenigen Wirtschaftssubjekte, die eine potentiell durch den Staat unterstützte Leistung aus eigener Kraft erbringen könnten, werden den Anreiz verlieren, ihre Eigenverantwortung wahrzunehmen. Mit anderen Worten, die Gründung eines gemischtwirtschaftlichen Fonds kann im Extremfall dazu führen, dass ohne dessen Finanzierung in den Entwicklungsländern keine Umweltschutzmassnahmen mehr getätigt werden, die über das gesetzlich geforderte Mindestmass hinausführen.

(2) Der zweite Grundsatz verlangt **eine Erfolgsbezogenheit** des gemischtwirtschaftlichen Fonds. Zur Erfolgskontrolle einer Subvention müssen Ziele operationell festgelegt werden können. Diese Forderung kann in unserem Beispiel erfüllt werden. Das Ziel der Finanzierung sollen Umweltschutzinvestitionen sein, die vom Standortland nicht verlangt werden, technisch machbar, ökologisch wünschbar, aber betriebswirtschaftlich nicht tragbar sind. Wir sprachen unsere Interviewpartner auf solche Projekte an. In den meisten der von uns besuchten Betriebe sind konkrete Umweltinvestitionen bekannt, welche die genannten Kriterien erfüllen.

(3) Nach dem Grundsatz der **Beherrschbarkeit** sollte das Subventionsvolumen auf einem möglichst niedrigen Volumen begrenzbar bleiben. Diesem Prinzip widerspricht die vorgeschlagene Form eines Fonds in keiner Weise. Das Gesamtvolumen der Investi-

tionen von Schweizerischen Firmen in Entwicklungsländern betrug 1989 3,6 Mrd. SFr. (IUED 1992: 319). Unsere Fallbeispiele haben gezeigt, dass zwischen 1-6 % davon für Umweltschutzmassnahmen investiert werden. Zur Steigerung dieser Rate um 4 % dürfte ein Beitrag aus schweizerischen Bundesfinanzen von 20 Mio. SFr. bereits gute Wirkungen zeigen.

(4) Die verschiedenen Instrumente finanzwirtschaftlicher Intervention sollten nach dem Grundsatz der **Widerspruchslosigkeit** aufeinander abgestimmt werden. In den Entwicklungsländern herrscht typischerweise ein Wirrwar von Subventionen (Repetto 1989). Viele dieser Unterstützungszahlungen verfolgen ein Ziel, das einer nachhaltigen Entwicklung diametral zuwiderläuft. Aus diesem Grund sind die Gegner eines gemischtwirtschaftlichen Fonds der Meinung, dass die Wirkung der schweizerischen Subvention von solchen im Entwicklungsland überkompensiert werde.

Aufgrund der kontroversen, aber insgesamt gesehen überwiegend negativen Beurteilung einer gemischtwirtschaftlichen Trägerschaft des Förderungsfonds kommen wir zum Schluss, dass es primär Aufgabe der multinationalen Unternehmungen sein muss, konzernintern einen Finanzierungsmodus zu entwickeln, der es den Tochterfirmen in den Entwicklungsländern erlaubt, Umweltschutzmassnahmen trotz der hinderlichen Rahmenbedingungen in den Entwicklungsländern zu finanzieren. Immerhin bleibt für uns die Frage bestehen, ob nicht zur Verhinderung von Marktverzerrungen eine kurzfristige Mitfinanzierung der Differenz zwischen einer wirtschaftlich günstigeren und einer umweltfreundlichen, aber teureren Investition im Interesse des schweizerischen Staates liegen könnte.

4.4.3 Dept for Nature Swaps

Mit 'Dept for Nature Swaps' wird ein Mechanismus bezeichnet, der 1984 vom WWF vorgeschlagen und seit Mitte der achtziger Jahre von verschiedenen Organisationen angewendet wird. Es sollen damit zwei Fliegen auf einen Schlag getroffen werden. Einerseits sollen den hochverschuldeten Entwicklungsländern Teile ihrer Auslandsverplichtungen erlassen und gleichzeitig soll die ökologische Situation verbessert werden.

In Brasilien wurde diesen Sommer ein verbessertes 'Dept for Nature Swaps' - Modell ausgearbeitet (Banco Central do Brasil: 1991), das in der Folge kurz erläutert werden soll (Die Zahlen gelten für den August 1991.):

(1) Ein Investor oder eine Non-governmental-Organisation kauft einen US$ -Schuldtitel vom entsprechenden Land am alternativen Markt von New York zum offiziellen Kurs (für Brasilien galt 31 % von z.B. 1 Mio. US$ = 310'000.- US$)

(2) Die NGO hinterlegt diese Titel bei der Notenbank des Schuldnerlandes.

(3) Die Notenbank liberiert die Schuld zu 100% in der nationalen Währung. 1 US$ = 400 Cz, d.h. das Kapital beträgt 400 Mio. Cz.

(4) Die Notenbank zahlt der NGO jährlich 6 % des Kapitals für Umweltschutzprojekte aus. Dies entspricht ca. 20 % des investierten Anfangskapitals.

Die Besonderheit dieser Massnahme nach brasilianischer Schreibweise ist, dass die Notenbank nicht das ganze Kapital in Landeswährung auf einmal liberiert, wie es das Modell des WWF vorgeschlagen hatte, sondern nur einen Zins. Damit können verschiedene Effekte erzielt werden:

(1) Das Entwicklungsland kann verhindern, dass mit den 'Dept for Nature Swaps' ein Liquiditätsschub entsteht. Die potentiellen Geldmengen, die ohne materiellen Gegenwert auf den Markt kommen, können jedoch inflationsfördernd wirken.

(2) Oft zerrinnen bei Grossprojekten jeweils grosse Mengen von Geld auf undurchsichtige Weise wie durch Korruption etc. Sollte dieses Problem in einem neuen Projekt auftreten, könnten nach einem Jahr die massgebenden Leute ausgetauscht und das Projekt mit der nächsten Kredittranche weitergeführt werden.

(3) Die Erfahrung zeigt, dass viele Projekte mit zu grossen Anfangsinvestitionen gestartet wurden. In der Folge fehlt nötiges Geld für die laufenden Kosten (Betriebsstoff, Reparatur und Löhne).

Bei dieser Finanzierungsart handelt es sich um eine Form, die durchaus auch mit öffentlichen Mitteln aus der Schweiz gedeckt werden könnte. Zur Zeit werden aber mit diesem Modell vor allem Naturschutzprojekte und kaum Umweltschutzprojekte in einem industriell-urbanen Raum finanziert.

4.4.4 Grüne Konditionalisierung von kommerziellen Krediten

Noch sehr jung ist die Idee, die Vergabe von Bankkrediten zur Projektfinanzierung mit einer ökologischen Bedingung zu verknüpfen. Von Seiten der Aktivkunden besteht ein gewisses Bedürfnis, Gelder für die Entwicklung und Implementierung von Umwelttechnologie zur Verfügung zu stellen (Affolter 1991). Dieses Bedürfnis entsteht einerseits aus rein ökonomischen Gründen, da der Markt mit umweltrelevanter Technologie zur Zeit boomt, aber andererseits auch aus ethischen Gründen, indem viele Bankkunden ihr Geld gerne zur Finanzierung von moralisch vertretbaren Projekten zur Verfügung stellen möchten. Damit sogenannte Öko-Fonds sinnvoll eröffnet werden können, fehlen den Banken noch gängige Evaluations- und Kontrollmethoden zur Beurteilung der ökologischen Auswirkungen eines Kredites (Knörzer 1990: 21). In diesem Bereich der Bewertung der Umweltrelevanz wird in nächster Zukunft durch die Geschäftsbanken in Zusammenarbeit mit interessierten Firmen und den Universitäten noch einige Forschungsarbeit nötig sein.

4.4.5 Umbuchung von Verteidigungsausgaben

Der Vollständigkeit halber sei erwähnt, dass sich in jüngster Zeit die Stimmen häufen (Club of Rome 1991: 78 ; Hewett 1991), die darauf hinweisen, dass in vielen Entwicklungsländern ein überproportional grosser Anteil des Staatsbudgets für Verteidigungsausgaben verwendet wird. Der ehemalige amerikanische Verteidigungsminister und spätere Weltbank-Präsident McNamara (1991) verlangt denn auch, dass die Entwicklungsländer ihre Rüstungsausgaben zu Gunsten von Umweltmassnahmen drosseln sollten. Damit könnten auch von Seiten der Entwicklungsländer verbesserte Finanzierungsmöglichkeiten für langfristige Umweltprojekte angeboten werden.

4.5 Promotion und Kommunikation

In der betriebswirtschaftlichen Absatzlehre kommt der Kommunikationspolitik eine zentrale Rolle zu. Das beste und billigste Produkt nützt nichts, wenn niemand davon Kenntnis besitzt oder wenn kein Bedürfnis dafür besteht. Die Instrumente dazu heissen Werbung, Sales Promotion und Public Relations. Auch in unserer Fragestellung geht es darum, sicherzustellen, dass erstens ein Bedürfnis zur Zusammenarbeit zwischen Partnern aus der Schweiz und aus Entwicklungsländern im Bereich von umweltrelevanter Technologie entstehen kann und dass zweitens genügend Informationen über das Angebot vorhanden sind, damit dieses Bedürfniss befriedigt werden kann. Zur Sicherstellung der ersten Bedingung muss Einfluss genommen werden auf die institutionellen Rahmenbedingungen (4.5.2), zur Erfüllung der zweiten Bedingung muss ein Informationsnetz aufgebaut und unterhalten werden.

4.5.1 Werbung; Informationsfluss

Ein potentieller Nachfrager von umweltrelevanter Technologie hat nur beschränkte Möglichkeiten, Informationen über den Markt von umweltrelevanter Technologie zu erhalten. Der Mangel an Information wird im Konsumgütermarketing durch die Werbung wettgemacht. In unserem Falle sollte ein Informationsnetz über umweltrelevante Technologie die Kommunikation zwischen Anbietern und Nachfragern vereinfachen. Verschiedene Elemente eines solchen Systems bestehen bereits und werden zum Teil von der öffentlichen Hand unterstützt. Eine internationale Vernetzung dieser Teile sollte aufgrund der grossen Möglichkeiten im Bereich der Telekommunikation immer einfacher werden:

(1) In der Schweiz besteht seit ca. 2 Jahren die Initiative, auf privatwirtschaftlicher Basis eine Institution zu gründen, die einen Überblick über das bestehende Angebot an umweltrelevanter Technologie in der Schweiz bietet. Mit dem provisorischen Namen 'Schweizer Umweltforum' soll eine Dienstleistungsstelle gegründet werden, die in Zusammenarbeit mit der Industrie, den Hilfswerken und den Universitäten bedarfsorientiert schweizerische umweltrelevante Technologie vermittelt (Schmidheiny et al. 1991).

(2) Als Tochterorganisation der internationalen Handelskammer versucht in Oslo das International Environmental Bureau, umweltgerechte Technologie in Entwicklungsländern verfügbar zu machen. Diese Aufgabe geschieht vor allem durch Vermittlung von Experten.

(3) Einen sehr breiten Überblick über Firmen, die Umwelttechnologie anbieten, gibt die vom Verband Schweizerischer Maschinen-Industrieller (VSM, 1990) herausgegebene Broschüre 'Schweizer Umwelttechnik'. Zusammen mit dem BUWAL wurden auch bereits offizielle Delegationen aus dem Ausland in der Schweiz betreut.

(4) Die Schweizerische Zentrale für Handelsförderung (OSEC) ist ein Verein, der in enger Zusammenarbeit mit dem BAWI die schweizerische Exportindustrie unterstützt. Von den jährlich über 12'000 Anfragen potentieller ausländischer Kunden betrifft etwa ein knappes Dutzend schweizerische Umweltechnologie. Diese Anfragen werden entweder im Mitgliederbulletin der OSEC ausgeschrieben oder direkt an die schweizerischen Firmen weitergeleitet. Auch im jährlich erscheinenden Exporthandbuch sind schweizerische Anbieter von Umwelttechnologie explizit erwähnt.

(5) 'Technology for the People'ist ein vom Bund unterstützter Verein zur Förderung des Technologietransfers nach Entwicklungsländern auf der Basis zwischenbetrieblicher Zusammenarbeit. Innerhalb der sogenannten Schwerpunksprogramme wird in verschiedenen asiatischen Staaten in kleinem Umfang ebenfalls schweizerische Umwelttechnologie bekannt gemacht.

Die schweizerischen Behörden leisten damit über verschiedene Kanäle einen aktiven Beitrag zur Förderung des Informationsflusses im Bereich der Umwelttechnologie. Eine zusätzliche Steigerung der Effizienz könnte unserer Meinung nach vor allem durch eine Koordination dieser Anstrengungen im Zusammenhang mit einem Anschluss an die Umweltdatenbank der UNEP in Paris entstehen. Dort baut das Industrie- und Umweltbüro der UNEP in Paris seit zwei Jahren eine internationale Informationsstelle für Umwelttechnologie auf. Neben einer eigenen Datenbank besticht diese Stelle vor allem durch die weite Vernetzung von bereits bestehenden Datenbanken in mehreren Kontinenten. Zur Zeit unseres Besuches im Dezember 1991 bestanden bereits einige Pilotprojekte, die zeigten, wie potentielle Nachfrager von Umwelttechnologie in einem Entwicklungsland dank den neuzeitlichen Methoden der Telekommunikation auf relativ einfache Weise ihre Informationsbedürfnisse befriedigen können. Unserer Meinung nach kann durch einen solchen Informationsaustausch die Verbreitung schweizerischer Umwelttechnologie stark beschleunigt werden.

4.5.2 Beeinflussung der Rahmenbedingungen in Entwicklungsländern

Nach unseren Aufenthalten in den industriell-urbanen Gebieten von Indien und Brasilien kommen wir zum Schluss, dass eine Erleichterung des Transfers von umweltrelevanter Technologie auf schweizerischer Seite allein nicht den gewünschten Erfolg bringen kann. Parallel dazu müsste verstärkt darauf hingewiesen werden, dass nur eine fundamentale Veränderung der Rahmenbedingungen in diesen Staaten eine erfolgreiche Implementierung der transferierten umweltrelevanten Technologie garantieren kann. Dieses Ergebnis deckt sich im übrigen vollständig mit den Vorschlägen zur stabilitätsorientierten Politik, wie sie im neuesten Weltentwicklungsbericht der Weltbank (1991) zu finden sind. Demokratisch geprägte, transparente und generell gültige institutionelle und rechtliche Spielregeln in Form einer auf Verfassung und Gesetzen, und nicht auf Dekreten und Notmassnahmen beruhenden Politik bilden - zusammen mit dem ständigen flexiblen Suchen nach einem Gleichgewicht zwischen sozial Notwendigem, ökologisch Dringlichem und ökonomisch Finanzierbarem - die Grundlage einer umweltbewussten Entwicklung.

Eine direkte Einflussnahme auf die umweltrelevanten Rahmenbedingungen in Entwicklungsländern ist aber meist unmöglich oder doch zumindest diplomatisch äusserst delikat. Vielfach werden grüne Konditionalitäten von aussenpolitischen Massnahmen des Nordens im Süden als 'Ökokolonialismus' empfunden.

Eine indirekte und eine direkte Art der Einflussnahme stehen der Schweiz aber offen:

(1) Im Rahmen von multilateralen Vereinbarungen dürfen es schweizerische Delegationen nicht unterlassen, ökologische Forderungen einzubringen. Insbesondere wird es darum gehen, die Länder so zu beeinflussen, dass vermehrt externe Kosten internalisiert werden.

(2) Im Rahmen einer verstärkten bilateralen Zusammenarbeit können schweizerische Umweltbehörden mithelfen, den Vollzug der bestehenden umweltpolitischen Instrumente zu verbessern.

Auf diese zweite Möglichkeit soll in der Folge etwas näher eingegangen werden. Unsere Untersuchung von 18 nationalen Umweltgesetzgebungen zeigte klar, dass durch das Festlegen von strengen Umweltgrenzwerten allein keine ökologischen Verbesserungen erreicht werden können. Auch die weltweit strengsten Emissions- oder Immissionsgrenzwerte zeigen keine Wirkung, wenn deren Implementierung nicht durch den politischen Willen unterstützt wird, und wenn das nötige technische Know-how bei den Behörden nicht vorhanden ist. Während das Entstehen eines politischen Willens nur schlecht beeinflusst werden kann, ist es sehr wohl möglich, im Rahmen einer internationalen Zusammenarbeit das technische Niveau der staatlichen Kontrollorgane zu verbessern.

In der Tat zeigten die persönlichen Gespräche mit den verschiedenen Behörden in Brasilien und Indien, dass ein grosses Bedürfnis dafür besteht, Erfahrungen im Bereich der Durchsetzung von Umweltschutzgesetzen auszutauschen. Zwei mögliche Massnahmen standen in den Diskussionen im Vordergrund:

(1)   Die Organisation und Finanzierung eines Ausbildungskurses für technische und akademische Mitarbeiter der Umweltbehörden in Entwicklungsländern. Sinnvoll wäre z. B. eine Zweiteilung: ein theoretischer Teil einerseits (an einer technischen Hochschule oder an der International Academy of Environment in Genf) und ein praktischer Teil in einem Industriebetrieb andererseits. Dadurch könnten die Erfahrungen gesammelt werden für eine optimale Handhabung vieler technischer Umweltschutzmassnahmen, die in der Schweiz bereits Standard sind, in Entwicklungsländern aber erst eingeführt werden müssen. Eine solche Ausbildung liegt durchaus im Interesse der industriellen Firmen. Die schweizerischen Firmen befürworten allgemein eine kompetente Umweltbehörde und zeigen eine gewisse Bereitschaft, solche Ausbildungsprogramme mitzutragen.

(2)   Als zweite Massnahme sollte geprüft werden, ob Umweltspezialisten aus der Schweiz als Konsulenten für eine zeitlich begrenzte Periode in einem industriell-urbanen Gebiet Umweltschutzberatung durchführen könnten. Eine solche Beratung würde aus einer Überwachung geplanter Projekte, aber auch aus Weiterbildungskursen bestehen. Der Vorteil dieser Idee wäre die Tatsache, dass damit den lokalen Rahmenbedingungen besonders gut entsprochen werden könnte.

Ganz ähnliche Projekte wurden Ende der achtziger Jahre bereits durch die deutsche Gesellschaft für Technische Zusammenarbeit in Brasilien durchgeführt und brachten sichtbare Erfolge (Karpe, Winkelmann 1991).

Wir können zum Schluss kommen, dass diese Förderung primär auf der privatwirtschaftlichen Ebene geschehen kann. Die öffentliche Hand kann aber dafür sorgen, dass die umweltpolitischen Rahmenbedingungen sowohl in der Schweiz wie auch in Entwicklungsländern einen solchen Transfer weiter motivieren. Folgende Gedankenschritte möchten wir zusammenfassend in Erinnerung rufen:

◆ Erstens beginnt die Förderung eines wirkungsvollen Transfers von umweltrelevanter Technologie im Inland (also in der Schweiz), indem durch eine entsprechende schweizerische Gesetzgebung die Schweizer Produzenten direkt veranlasst werden, ökorelevante Technologien zu suchen, zu finden und anzuwenden. Nicht nur wird dadurch in der Schweiz ein unmittelbarer Umwelteffekt erzielt, sondern auch ein neues Knowhow geschaffen, das als Grundlage für einen umweltrelevanten Technologietransfer eine unabdingbare Voraussetzung bildet.

◆ Zweitens ist es im Interesse der Industrie, jene umweltrelevanten Technologien und jenes Know-how zu identifizieren, bei denen einerseits die schweizerischen Forschungs- und Entwicklungsabteilungen einen klaren komparativen Vorteil haben und die andererseits eine Anpassung an die besonderen Rahmenbedingungen der weniger entwickelten Staaten ermöglichen.

◆ Drittens müssen jene multinationalen Unternehmen, die in einem Entwicklungsland produzieren, konzernintern vermehrt Risikokapital zur Verfügung stellen, damit die Tochterfirmen umweltrelevante Investitionen tätigen können.

◆ Viertens sollte der bestehende internationale Informationsaustausch über Umwelttechnologie weiter intensiviert werden.

◆ Fünftens sollten von der schweizerischen öffentlichen Hand Ausbildungskurse für technische und akademische Mitarbeiter der Umweltbehörden in den weniger entwickelten Ländern organisiert und finanziert werden.

◆ Sechstens müsste eine Beratung durch Umweltspezialisten aus der Schweiz in einem industriell-urbanen Gebiet der weniger entwickelten Länder geprüft werden. Eine solche Beratung würde aus einer Überwachung geplanter Projekte und aus Weiterbildungskursen bestehen.

Die Darstellung 4-3 stellt die einzelnen Ebenen der Förderung eines Technologietransfers in tabellarischer Form dar.

Instrument	Elemente
Produktegestaltung	Forschung und Entwicklung von 'Clean Technologies'
Transferwege	Direktinvestitionen, Lizenzen, Consulting Turn-key operations
Preisgestaltung Finanzierung	Konditionierung von IRG etc. Bereitstellen von Risikokapital Konditionierung von Bankkrediten
Public Relations Kommunikation	Umweltforun Informationsnetzwerk Schulung der Umweltbehörden

Darstellung 4-3: Elemente eines Förderungskonzeptes für
eine ökologische Wirtschaftszusammen-
arbeit mit den Entwicklungsländern

5   SCHLUSS

5.1   Ausblick

Im Sinne eines Ausblicks soll kurz skizziert werden, in welcher Richtung die Suche nach Konzepten zur Förderung einer nachhaltigen Entwicklung in industriell-urbanen Räumen in diesem Forschungsprojekt weitergehen könnte.

5.1.1 Ein industrielles Ökosystem

Beim folgenden Projekt handelt es sich um einen raumplanerischen Ansatz. In Zusammenarbeit mit der Firma Infraconsult wollen wir prüfen, ob durch ein ganzheitliches Konzept grosse Industrieparks in Entwicklungsländern so gesteuert werden könnten, dass ein industrielles Ökosystem ensteht.

Unter einem 'industriellen Ökosystem' verstehen wir ein System von Produktionsanlagen, die 'Energie und Materie' optimal nutzen. Mit anderen Worten: Verbrauchte Abfallstoffe oder umgewandelte Energieträger einer Produktionsanlage können als Rohstoffe für eine nächste Produktionsanlage dienen (Frosch, Gallopoulos 1990. 128).

Ein solch idealtypisches industrielles Ökosystem, das seine Materialien und Energieträger nie erschöpft, kann in der Praxis wohl nie vollständig verwirklicht werden. Im Bereich einer Integration der Produktion und im Bereich von erneuerbaren Energieträgern sollten indessen grosse Fortschritte in Richtung eines geschlosseneren Industriesystems möglich sein.

Dennoch handelt es sich hier noch um eine Vision. Wir sind aber der Meinung, dass sich die Verfolgung dieser Idee aus zwei Gründen durchaus lohnt: Einerseits ist es Aufgabe eines Forschungsinstituts der Universität, die Grenzen und Möglichkeiten von Visionen abzuklären, und andererseits sind in jüngster Zeit im Bereich der Ökologie und auch im Bereich der Gesellschaftspolitik so grosse Veränderungen in so kurzer Zeit abgelaufen, wie es noch vor einigen Jahren kaum jemand hätte prognostizieren können. Im übrigen bestehen für die Stadt Baden in ihrem Konzept 'Chance Baden Nord 2005' ebenfalls Ansätze für eine wie es heisst 'wirtschaftliche Ökostadt' (Gerber 1991).

Der geplante Transfer von umweltrelevantem Know-how besteht in diesem Fall in einer Beratung der Regierungen von Entwicklungsländern auf drei Ebenen:

(1) Primär geht es darum, dass die staatlichen Behörden in den Regionen von geplanten oder bereits bestehenden grossen Industrieparks mittels der üblichen Incentives (billiges Land, Steuerersparnis etc.) sehr gezielt Firmen, welche die bereits bestehende Produktionspalette ökologisch sinnvoll ergänzen, anlocken.

(2) Auch in einem ökologisierten Industriepark werden, zumindest in der Anfangsphase, gewisse Emissionen und Abfälle entstehen. Aus ökonomischen und ökologischen Gründen sollte die Verarbeitung und Entsorgung dieser Stoffe möglichst zentral und in einer Zusammenarbeit der betreffenden Firmen erfolgen.

(3) Die meisten Industrieparks entstehen 'im Grünen' abseits der städtischen Siedlung. Durch die Sogwirkung der neu geschaffenen Arbeitsplätze wachsen oft ganze Slumquartiere um die neuen Industrieareale. Den Behörden müssten raumplanerische Instrumente bereitgestellt werden, damit rund um die Industrieparks ein 'cordon sanitaire' geschaffen werden könnte.

Diese Aufgaben wollen wir in Zusammenarbeit mit ausgewählten MNUs lösen. In einer ersten Phase wurden deshalb Firmen kontaktiert, die entweder Erfahrung mit der Produktion in solchen Industrieparks haben (Ciba-Geigy in Camacari, Brasilien; Alusuisse in Guyana, Venezuela) oder aber die Produktionsmethoden entwickelt haben (Dow Europe), die es erlauben, Abfallstoffe von anderen Produktionsbetrieben als Roh- oder Hilfsstoffe für neue Produkte zu verwenden.

5.1.2 Grüne Konditionalität der Projektfinanzierung durch Geschäftsbanken

In Kapitel 3.8 konnten wir feststellen, dass die federführende Bank bei einem Konsortialkredit auf die Ausgestaltung eines Projektes in einem Entwicklungsland einen massgebenden Einfluss ausüben kann. Wir haben in Kapitel 4.4.4 weiter dargestellt, dass verschiedene Banken gewillt sind, in Zukunft vermehrt auch ökologische Kriterien bei der Beurteilung eines Investitionsrisikos zu berücksichtigen. Wir werden daher mithelfen, zusammen mit Vertretern von Grossbanken, nach Methoden zu suchen, wie eine Ex-ante-Beurteilung der ökologischen Risiken von Direktinvestitionen operationalisiert werden könnte.

5.2 Schlussdiskussion

Obwohl ein unternehmerisches Engagement in den Märkten der Entwicklungsländer mit einem bedeutenden Risiko verbunden ist, können die wirtschaftlichen Beziehungen der Schweiz mit Entwicklungsländern als intensiv beurteilt werden (IUED 1992). Wir haben versucht, hier einige ökologische Aspekte dieser aussenwirtschaftlichen Zusammenarbeit mit den Entwicklungsländern zu diskutieren.

Unsere Untersuchung bestätigt, dass der private Sektor eine zentrale Führungsrolle innerhalb des dortigen Transformationsprozesses in Richtung einer nachhaltigen Entwicklung übernehmen muss. Nur eine verantwortungsvolle Denkweise lässt ein neues Gleichgewicht zwischen kurzfristigem Gewinnstreben und langfristiger Positionierung einer Firma entstehen.

Die Untersuchung konzentrierte sich explizit auf Grosskonzerne. Will man hingegen eine klare Abschätzung der Möglichkeiten und Grenzen der Förderung einer nachhaltigen Entwicklung in den industriell-urbanen Räumen erhalten, so müssten vermehrt auch kleine und mittelgrosse Betriebe in die Diskussion einbezogen werden. In diesem Untersuchungsfeld sind noch viele Fragen ungeklärt und werden daher weitere Forschungsanstrengungen verlangen.

LITERATUR

AFFOLTER, E., 1991: Mein Brokerinstinkt sagt mir, dass da etwas drin liegt. Weltwoche **31**: 16.

ALESA, 1978: Pollution Control Measures in the Alumina Plant of Interalumina. unpubl. Bericht, Zürich.

ALUSUISSE, 1989: Alusuisse unterwegs zu neuen Zielen. Alusuisse-Lonza, Zürich.

AFP (AGENCE FRANCE PRESS) 1992: Erdrutsch in Belo Horizonte. Neue Zürcher Zeitung **68**: 9.

ANANDALINGAM, G., WESTFALL, M., 1987: Hazardous Waste Generation and Disposal: Options for Development Countries. Natural Resources Forum **11** (1): 37-47.

ANDERSSON , TH., 1991: Multinational Firms and Pollution in Developing Countries. In: C. Folke und T. Kaberger: Linking the Natural Environment and the Economy. Kluwer Academic Publishers, Dordrecht.

AP (ASSOCIATED PRESS), 1991: Umweltpolitische Erwartungen an die Schweiz. Neue Zürcher Zeitung **278**: 21.

ARACRUZ Celulose, 1987: Technology, social progress, and the Environment. Aracruz, Vitoria.

ARIZPE, L., CONSTANZA, R., LUTZ, W., 1991: Primary Factors affecting population and natural resource use. International Conference on an Agenda of science for environment and development into the 21st Century. Wien.

BANCO CENTRAL DO BRASIL, 1991: Institui plano de Conversao da Divida Externa para Fina Ambientais. Resoluçao, No 1.840, de 16.Juli. Diario oficial, sec 1 14153. Brasilia.

BANDYOPADHYAY, J., 1985: India's Environment. Dehra Dun.

BASF, 1990: Geschäftsjahr 1989. BASF, Ludwigshafen.

BAYER, 1986: Leitlinien für Umweltschutz und Sicherheit bei Bayer. Bayer AG, Leverkusen.

BAYER, 1990: reviews fiscal 1988. Bayer AG, Leverkusen.

BERG, T., 1990: Die Attisholzgruppe. Unpubl. Vortrag des Vorsitzenden der Konzernleitung vom 22.5.1990 beim Efficiency Club in Bern.

BLÄTTLER, R., WYSS, M., 1991: The Jari River Project: A contribution to the Sustainable Development of Brazil ? unpubl. Bericht an die Projektleitung. Sao Paulo.

BORNER, S., BRUNETTI, A., STRAUBHAAR, T., 1990: Die Schweiz AG, Vom Sonderfall zum Sanierungsfall? Neue Zürcher Zeitung, Zürich.

BÜCHEL, 1987: Forschung für den Umweltschutz. Die Bayer-Umweltperspektive: 56-77. Presse Forum in Köln. Bayer AG, Leverkusen.

BWZ (Bundesminister für Wirtschaftliche Zusammenarbeit), 1987: Materialen zur Erfassung und Bewertung von Umweltwirkungen in Vorhaben der wirtschaftlichen Zusammenarbeit. Bonn.

CAIRNCROSS, F., 1991: Cool it, A Survey of Energy and Environment. The Economist 320 (7722).

CASTELMANN, B.I., 1979: The export of Hazardous Factories to developing Nations. International Journal of Health Services 9 (4): 569-606.

CETESB, 1988: Procop, Programa de controle de poluiçao. CETESB, Sao Paulo.

CETESB, 1991: Acao da CETESB em Cubatao, Sitaçao em Junho de 1991. unpubl, Sao Paulo.

CIBA-GEIGY, 1990: Förderung wirtschaftlich risikoreicher Projekte in der Dritten Welt. Ciba-Geigy Magazin, 2: 34-39, Basel.

CIBA-GEIGY, 1991: Geschäftsbericht. Basel.

CIMA (COMISSAO INTERMINISTRIAL PARA A PREPARACAO DA CONFERENCIA DES NAÇOES UNIDAS SOBRE MEIO AMBIENTE E DESENVOLVIMENTO), 1991: Subsídios técnicos para elaboraçao do relatório nacional do Brasil para a CNUMAD. Brasília.

CLUB OF ROME, 1991: Die Globale Revolution. Spiegel Spezial 2. Der Spiegel, Hamburg.

COLOMBI, C.,1990: State-of-the-art of Landfill for Hazardous Wastes. Unpubl. GEOKLOCK-CSD do Brasil, Sao Paulo.

CRA, (CENTRO DE RECURSOS AMBIENTAIS), 1990: Parecer Technico No 115/90. unpubl. Bericht der Umweltbehörde, Salvador da Bahia.

DARIO OFFICIAL, 1991: Chadler Industrial da Bahia, Notas explicativas as Demonstracoes Financeiras.(Jahresbericht), Dario Oficial 18.4.91. Estado da Bahia, Salvador.

DE ALGUIAR, I.D., 1991: Multinacionais condicionam investimentos. O estado de S.Paulo: 25.8.1991, 3.

DE LA RIVIERE, M., 1989: Bedrohung des Wasserhaushalts. Spektrum der Wissenschaft 11: 84.

DICKERTMANN, J., DILLER, R., 1987: Subventionen als Mittels der Wirtschaftspolitik. WiST(Wirtschaftswissenschaftliches Studium) 11: 537-543.

DICKERTMANN, J., DILLER, R., 1989: Subventionstechnik. WiST 4: 166-172.

DUBE, R., 1988: Arbeitsschutz und städtisch-industriell bedingte Probleme der Luft- und Wasserreinhaltung in Indien. Lang, Bern.

DYLLICK, 1990: Ökologisch bewusstes Management. Die Orientierung 96. Schweizerische Volksbank, Bern.

ECLAC (ECONOMIC COMMISSION FOR LATIN AMERICA AND THE CARIBBEAN), 1991: Sustainable Development: Changing Patterns, Social Equity and the Environment. UN, ECLAC, Santiago de Chile.

EGGER, M., STOLL, H. 1992: Strukturelle Effekte von Umweltregulierungen am Beispiel der Lack- und Farbenfabrikanten. Reihe Strukturberichterstattung des Bundesamtes für Konjunkturfragen.

ELKINGTON, J., BURKE, T., 1989: Umweltkrise als Chance. Ökologische Herausforderung für die Industrie. Orell Füssli, Zürich.

FEDRA, K., 1991: A Computer-Based Approach to Environmental Impact Assessment. RR-91-13, IIASA, Laxenburg.

FERREIRA, D., 1991: Vitoria verde sobre a poluiçao. Manchete 2.054: 94-95, Rio de Janeiro.

FREY, R.L., STAEHELIN-WITT, E., BLÖCHLINGER, H., 1991: Mit Ökonomie zur Ökologie. Helbling und Lichtenhahn, Basel.

FROSCH, A.R., GALLOPOULOS, N.E., 1989: Strategien für die Industrieproduktion. Spektrum der Wissenschaft **11**: 126-135.

FRY, A.E. 1989: International Transport of hazardous waste. Environment, Science & Technology **23** (5): 508f.

FULLER, K., S., 1989: Dept for Nature Swaps. Environmental Science & Technology, **23** (12): 1450-1452. American Chemical Society.

GASCHE, U., LORETAN, B., BOMIO, P., 1987: Rauchgasentschwefelung nach dem Attisholz-Sulzer-Recyclingverfahren. Technische Rundschau **1**: 21-24.

GASCHE, U., 1990: AOX - umstrittene und unerwünschte Verunreinigung des Bleichereiabwassers. Attisholz Blickpunkte, Juni 91: 9-12. Cellulose Attisholz, Riedholz.

GERBER, T., 1991: Wird altes BBC-Areal zur 'wirtschaflichen Ökostadt' ?. Der Bund **303**: 10.

GOLDBERGER, E., 1989: Die Exportfibel, Schweizerische Zentrale für Handelsförderung, Zürich.

GRAF, C., 1991: Standorthedging. Unpubl. Diplomarbeit am Geographischen Institut, der Universität Bern.

HAECKEL, E.,1866: Generelle Morphologie der Organismen. Georg Reimer, Berlin.

HAGEMANN, H., 1985: Hohe Schornsteine am Amazonas. Dreisam, Freiburg.

HEER, J., 1991: Nestlé Hundertfünfundzwanzig Jahre. Nestlé, Vevey.

HELLER, R., 1975: Internationaler Handel. Theorie und Empirie. Physica Verlag, Würzburg.

HELPMAN, E., KRUGMAN, P.R., 1985: Market structure and foreign trade. Wheatsheaf books, Brighton.

HEWITT, D., 1991: Militärausgaben in den Entwicklungsländern. Finanzierung und Entwicklung **28** (3): 22-24. Weltarchiv Verlag, Hamburg.

HOERING, U., 1987: Ein unlösbarer Konflikt ? Umwelt und Entwicklung in Indien. Deutsche Stiftung für internationale Entwicklung, Bad Honnef.

HOLDERBANK MANAGEMENT &CONSULTING LTD., 1990: Assam Jaypee Cement Project. Unpubl. Feasibility Report.

HUNTLEY, B., SIEGFRIED,R., SUNTER, C., 1989: South African Environment into the 21st Century. Human & Rousseau, Tafelberg.

ILLI, L., 1991: EG 92: Wohlstand in Europa - Armut in der Dritten Welt. Partnerschaft **123**: 9.

INFORA ESTUDIOS LTDA, 1991: Sociedad Forestal Maderera Licantén Ltda. unpubl report, Santiago.

INFRAS, 1991: Technologie Transfer und globale Umweltprobleme. Unpubl. Bericht zu Handen der Direktion für Entwicklungszusammenarbeit. Zürich.

IUED (INSTITUT UNIVERSITAIRE D'ETUDES DU DEVELOPMENT, 1992: Jahrbuch Schweiz-Dritte Welt. IUED, Genf.

JAAFAR, A. B., 1985: Foreign Investment, Trade, Incentives and Disincentives of Pollution Control. unpubl. Paper from Department of Environment, Malaysia.

JAAKKO PÖYRY ENGENHARIA, 1991: Licancel Bleached Kraft Pulp Mill Project Evaluation. unpubl. report, Sao Paulo.

KAESLIN, K., 1975: Verfahren und Auslegung des Tonerdewerkes Gove. In: ALESA, The Gove Project, Sonderdruck der Schweizerischen Bauzeitung: 17-24.

KARPE, H.J., WINKELMANN, H.P., 1991: New Co-operation models for strengthening environmental management capacities in developing countries. A case study of Brazil. OECD: Environmental Management in Developing countries. OECD, Paris.

KILCHENMANN, A., SCHWARZ, H.G., 1988: Öko- Begriffe. Karlsruher Geoökologische Manuskripte 1. Geographisches Institut II, Karlsruhe.

KINDLEBERGER, J., 1986: International Public Goods without International Government. The American Economic Review 76 (1): 1-15.

KNÖRZER, A., 1990: Our Environment: Worth investing in. Sarasin Basic Report. Bank Sarasin, Basel.

LEONARD, J., 1985: Pollution and the Struggle for the World Product. Cambridge University Press, Cambridge.

LYSKA, B., 1991: Umweltpolitik in Indien. Aachener Studium der Sozialwissenschaften 8. Alano Ed. Herodot, Aachen.

MAYO, E., 1990: 1992: European Wealth, Third World Poverty? A WDM-Report. World Development Movement, London.

MCNAMARA, R., 1991: Verringerung der Militärausgaben IN DER DRITTEN WELT. Finanzierung und Entwicklung 28 (3): 26-28. Weltarchiv Verlag, Hamburg.

ME&F (MINISTRY OF ENVIRONMENT & FOREST), 1989: Annual Report 88/89. Kapoor Press, New Delhi.

MEADOWS, D.L., 1972: The Limits to Growth. A report for the Club of Rome's Project on the Predicament of Mankind. Universe Books, New York.

MESSERLI, B., BISAZ, A., KIENHOLZ, H., WINIGER, M., 1987: Umweltprobleme und Entwicklungszusammenarbeit. Geographica Bernensia P16, Bern.

MESSERLI, B., 1990: Die Veränderung der Erde durch den Menschen. Vortrag im Rahmen des 'Collegium Generale' der Universität Bern.

MESSERLI, B., Straubhaar, Th., Wyss, M., 1991: Zwischenbericht an die Expertengruppe des NFP 28. unpubl. GIUB, Bern.

MINSCH, J., 1991: Abgaben und Zertifikate im Vergleich zu Verboten und Geboten. unpubl. Manuskript für den Weiterbildungskurs 'Ökologie und Umweltrecht'. IISG, St.Gallen.

MOLL, G., 1991: Knallharte Softies. Bilanz 3: 84-87. Jean Frey, Zürich.

NESTLE, 1985: Über Umweltschutz-Massnahmen in der Nestlé-Gruppe Deutschland. Frankfurt am Main.

NESTLE, 1991a: The Nestlé Policy on the Environment. Nestlé, Vevey.

NESTLE, 1991b: Nestlé Jahresbericht 1990. Nestlé, Vevey.

NESTLE, 1992: Nestlé Jahresbericht 1991. Nestlé, Vevey.

NYDEGGER, A., 1991: Welthorizonte- und die Schweiz ? Schweizerisches Institut für Aussenwirtschafts-, Struktur- und Regionalforschung an der Hochschule St. Gallen: 27. Verlag Rüegger, Chur.

O'CONNOR, D., TURNHAM., D., 1991: Environmental Management in Development Countries: An Overview. unpubl. research report of the Development Center. OECD, Paris.

OECD, 1991: Trade Issues in the Transfer of Clean Technologies. ENV/EC/TE(91)REV1. OECD, Paris.

PEARCE, D., BARBIER, E., MARKANDYA, A., BARRET, S., TURNER, K., SWANSON, T., 1991: Blueprint 2: Greening the World Economy. Earthscan, London.

PEARSON, S.CH., 1985: Down to business: Multinational Corporations, Environment and Development. World Resources Institute, Washington.

PEARSON, S.CH., 1987: Multinational Corporations, Environment and the Third World, Duke University Press, Durham.

PERUSAHAAN UMUM LISTRIK NEGARA, BAWI, ELEKTOWATT ENGENEERING SERVICES, UNIVERSITY OF NORTH SUMATRA, 1990: Environmental Impact Evaluation. Conf. Unpubl. report.

PORTER, M., 1990: The competitive advantage of nations. Macmillan Press, London.

RAUSCHER, M., 1992: On Ecological Dumping: Unpubl. Vortrag an der Jahrestagung des Vereins für Socialpolitik, Oldenburg.

REPETTO, R., 1990: Die Entwaldung der Tropen: ein ökonomischer Fehlschlag. Sonderdruck des Spektrum der Wissenschaft 2: 3-35.

ROCHE, 1984: Guidelines for the Assurance of Safety and Environmental Protection. Roche Products Ltd., Bombay.

ROCHE, 1990: Geschäftsbericht 1989. Roche, Basel.

ROGERSON, C.M., 1990: Environmentally hazardous Industry in South Africa: A Spatial view. GeoJournel 22 (3): 321-328.

SANDER, G., 1990: Das Grüne Auto. Der Monat 3: 21-24. Schweizerischer Bankverein, Basel.

SANDOZ, 1988: Grundsätze für Sicherheit und Umweltschutz im Sandozkonzern. Sandoz, Basel.

SANDOZ, 1990a: 43th Annual Report. Sandoz (India), Bombay.

SANDOZ, 1990b: Jahresbericht 1988. Basel.

SANGMEISTER, H. 1991: Colloreconomics und die Folgen. Lateinamerika Nachrichten 19 (2):37-77.

SBV (SCHWEIZERISCHER BANKVEREIN), 1991: Devisenhandel und Geldmarktgeschäfte. SBV, Zürich.

SCHAAD, W., 1991: Manufacture of Dyestuffs and Chemicals with minimum Effluent in Candra Sari Plat, Indonesia. unpubl. Artikel, Ciba-Geigy AG, Division Farbstoffe und Chemikalien, Basel.

SCHMIDHEINY, S, BASLER, E., BRUGGER, E., SCHNEIDER, TH., VANOTTI, L., 1991: Schweizer Umweltforum für die Zweite und Dritte Welt. Basisdokument. unpubl. Fundes, Niederurnen.

SIEBERT, H., 1989: Perspektiven zur Vollendung des europäischen Binnenmarktes. Kyklos 42 (2): 181-201.

SOTO, DE, H., 1992: Marktwirtschaft von unten. Orell Füssli, Zürich.

STAFFORD, H.A. 1985: Environmental Protection and Industrial Location. Annals of the Association of American Geographers 75 (2): 227-240.

STRAUBHAAR Th. 1986: Süd-Süd-Handel: Ersatz oder Ergänzung zum Handel mit Industrieländern ? Wirtschaftspolitische Mitteilungen 42 (5).

THOMMEN, J.P., 1991: Managementorientierte Betriebswirtschaftslehre. 3. Aufl. Haupt, Bern.

TOBEY, J.A., 1990: The Effects of Domestic Environmental Policies on Patterns of World trade: An empirical Test. Kyklos 43: 191-209.

TOUCHE ROSS & CO, 1991: Global Climate Change, The role of Technology Transfer. A Report for the UNCED, financed by ODA and DTI, unpubl., London.

TRACHSEL, M., 1989: Vermeiden, verwerten, vermindern. Beiträge von Sandoz-Mitarbeitern an die technische Entwicklung im Bereich von Sicherheit und Umweltschutz. Sandoz AIW, Basel.

TROTTMANN, K. 1991: Integration des Umweltschutzes in die Zellstoff-Produktion. In: Th. Dyllik: Ökologische Lernprozesse in Unternehmungen: 95-121. Haupt, Bern.

UNCTC, 1985: Environmental Aspects of the Activities of Transnational Corporations: A Survey. New York.

UNDP, 1991: Human Development Report, Oxford University Press, New York.

VALLANDER, K., 1991: Sechs Fragen zum Umweltrecht. unpubl. Manuskript für den Weiterbildungskurs 'Ökologie und Umweltrecht'. HSG, St.Gallen.

VON UNGERN-STERNBERG, TH., 1985: Waldsterben und Luftverschmutzung Diskussionsbeiträge des Volkswirtschaftlichen Instituts der Universität Bern 34.

VORHOLZ, F., 1990: Der exportierte Frevel, Papier - ein Allerweltsprodukt gerät in Verruf. Die Zeit 7: 16.

VSM (VEREIN SCHWEIZERISCHER MASCHINENINDUSTRIELLER), 1990: Umwelttechnik aus der Schweiz. VSM, Zürich.

WALKER, B., 1991: Umbau der Zellstoffproduktion in Attisholz, 1988-1991. Attisholz Blickpunkte, Juni 91: 4-8. Cellulose Attisholz, Riedholz.

WEIZSÄCKER, von, E., 1989: Erdpolitik. Wissenschaftliche Buchgesellschaft, Darmstadt.

WELTBANK, 1991: World Development Report 1991. The World Bank, Washington.

WIGDOROVITS, S., 1992: Ciba-Geigy: Millionenbusse. Sonntagszeitung 9: 1-2.

WILSON, E. O., 1989: Bedrohung des Artenreichtums. Spektrum der Wissenschaft 11: 88-95.

WINTER, L., 1991: Ein unbeholfener Riese wirbt um Investoren. Süddeutsche Zeitung 226: 30.

WIST, 1989: GLOSSAR. WIST 12: 626.

WMO/UNEP, 1984: Urban Air Pollution 1973-1980. Genf.

WÖHLKE, M., 1987: Umweltzerstörung in der Dritten Welt. Beck, München.

WORLD COMMISSION ON ENVIRONMENT AND DEVELOPMENT 1987: Our Common Future. Oxford University Press, Oxford.

WRI (WORLD RESOURCES INSTITUTE): 1988: Internationaler Umweltatlas. Ecomed, Landsberg.

WRI (WORLD RESOURCES INSTITUTE), 1990: A Guide to the Global Environment. Oxfort, University Press.

INTERVIEWPARTNER

Es muss betont werden, dass diese Untersuchung nur dank der grosszügigen Unterstützung der beteiligten Behörden zustande kommen konnte. Den in der Folge namentlich erwähnten Personen soll in diesem Zusammenhang für ihren grossen Aufwand und für ihre Geduld bei den langwierigen Interviews gedankt werden.

Herrn Stephan Fox, pers. Berater von Staatsekretär José Lutzenberger, IBAMA, Brasilia

Herrn Benedito da Conceicao Filho, Gerente de Divisao de Cubatao, CETESB, Sao Paulo

Dr. Arlindo Philippi Jr. Head of Pollution Control Programm Division, CETESB, Sao Paulo

Herrn Lenildo de Medeiros Cirne, Pollution Control Programm Division

Dona Christine, FEEMA, Rio de Janeiro

Dona Kathia, FEEMA, Rio de Janeiro

Dr. Ernst Möri, Geschäftsführer, CSD-GEOCLOCK, Sao Paulo

Durval Freie de Oliveiri, Presidente, Centro de Recursos Ambientais, Salvador

Claudio José Carneiro de Carvalho, Centro de Recursos Ambientais, Salvador

Herrn Spieler, Mitglied der Konzernleitung, Keramik Laufen AG, Laufen

Herrn A. Kummer, Vizedirektor, Keramik Laufen AG, Laufen

Herrn Avila, Mitglied der Konzernleitung, Keramik Laufen AG, Curitiba

Herrn Celso Luiz Cavalli, Gerente Divisao, Incepa-Indústria Cerâmica Paraná, Sao Mateus do Sul

Herrn HP Wahli, General Manager, Nestlé Indl. e. Coml. Ltda, Sao Paulo

Herrn André Heinzer, Manager Nestlé Indl. e. Coml. Ltda, Sao Paulo

Herrn Alexandre P. Silveira, Nestlé Indl. e. Coml. Ltda, Sao Paulo

Herrn Werner Blarer, Vizedirektor, Nestec AG, Vevey

Herrn A. Mahler, Generaldirektor, Zone 3, Nestlé AG, Vevey

Herrn S. Klaas, Direktor, Nestec AG, Vevey

Herrn E. Schweizer, Nestec AG, Vevey

Herrn K. Schnyder, Nestlé Vevey

Herrn H. Buchenel, Nestec AG, Vevey

Herrn Hans-Rudolf Wiederkehr, Generaldirektor Chemische Holzveredelung, Attisholz AG, Riedbach

Herrn Gerhart Pickert, Public Affairs, Vitoria

Herrn Lineu Siquera Junior, General Manager Environmental Resources, Aracruz.

Herrn Francisco F.C. Valério, General Manager of Operations, Aracruz Celulose, Aracruz

Herrn Carlos Alberto de O. Roxo, General Manager of Environmental Affairs, Rio de Janeiro

Herrn Julio Poderos, Public Affairs, Facel, Jari

Herrn Sergio Coutigno, FACEL, Jari

Herrn Martin Hostettler, Colombi, Schmutz und Dorthe AG, Bern

Herrn Erio Meili, Direktor Incepa-Indústria Cerâmica Paraná S.A., Curitiba

Herrn Claus D. Vana, Electric Department, Incepa-Indústria Cerâmica Paraná S.A., Campo Largo

Herrn Rui Kenji Yoshioka, Production Manager, Incepa-Indústria Cerâmica Paraná S.A., Sao Mateus do Sul

Herrn Urs Joho, Managing Director, Chadler da Bahia S.A., Salvador

Herrn Walter Hunter, Project Manager, CIMINAS, Cimento Nacional de Minas S.A., Pedro Leopoldo

Herrn Raimondo Viera, CIMINAS, Cimento Nacional de Minas S.A., Pedro Leopoldo

Herrn Hitoshi Nakamura, Secretário, Secretária Municipal do Meio Ambiente, Curitiba

Herrn Bruno Neuvirth, Assessor Chefe, Centro de Recursos Ambientais, Salvador

Frau Celia G. Castelló, CETESB, Sao Paulo

Dr. Rasal, General Secretary, Maharashtra Pollution Control Board, Bombay

Herrn Generalkonsul Keiser, Schweizer Konsulat, Bombay

Herrn Botschafter C.H. Bruggmann, Ambassade de Suisse, Brasilia

Herrn Generalkonsul H. Wey, Consuldao geral da Suica Sao Paulo

Dr. H. Küenzi, Direktor Sicherheit und Umwelt, Roche, Basel

Dr. W. Vogler, Vizedirektor Sicherheit und Umwelt Roche, Basel

Dr. J.J. Vorsanger, Generaldirektor, Roche (India) Ltd, Bombay

Dr. R.R. Sobti, Werkleiter, Werk Roche Thana/Bombay

Herrn N. Butz, Direktor, Sandoz Technologie AG, Basel

Dr. V. Theuss, Vizedirektor Sicherheit und Umwelt, Sandoz, Basel

Dr. M. Trachsel, Press-office, Sandoz Technologie AG, Basel

Herrn K. Michel, Project Management of Consulting, Sandoz, Basel

Dr. J.P. Hayoz, Generaldirektor, Sandoz (India) Ltd, Bombey

Herrn M. Kaeser, Direktor Finanzen, Sandoz (India) Ltd, Bombay

Mr. N. Mulye, Lagerhaus- und Transportprojekte, Sandoz (India)

Herrn O. Kneubühler, Präsident IQR, Generaldirektor, Sandoz Brasilien, Sao Paulo

Herrn F. Stingelin, Manager Finanzen, IQR, Resende

Herrn R. Tinguely, Works Manager, IQR, Resende

Herrn R. Ramspacher, Leiter Abteilung Projekte, IQR, Resende

Herrn M. M. Lage , Leiter Abteilung Ingenieure, IQR, Resende

Prof. Dr. K.M. Leisinger, Stab für Beziehungen zur Dritten Welt, Ciba Geigy, Basel

Dr. K. Eigenmann, Direktor Sicherheit und Umwelt, Ciba Geigy, Basel

Dr. U. Gujer, Vize-Direktor Sicherheit und Umwelt, Ciba Geigy, Basel

Dr. K. von Grebner, Direktor Agro-Kommunikation, Ciba Geigy, Basel

Dr. R. Immler, Vizedirektor Agro-Kommunikation, Ciba Geigy, Basel

Herrn S. Nicolier, Stab für Beziehungen zur Dritten Welt, Ciba Geigy, Basel

Mrs. J.L. Ramp, Konzernbereich Sicherheit und Umwelt, Ciba Geigy, Basel

Dr. F. Greuter, Direktor Bereich Technologie, Ciba Geigy, Sao Paulo

Dr. D. E. Allen, Werkleiter, Camacari, Ciba Geigy, Brasilien

Herrn W. Salzmann, Vizedirektor Dienste und Technik, Ciba Geigy, Sao Paulo

Herrn G. Negraes, Vizedirektor Dienste und Technik, Ciba Geigy, Sao Paulo

Dr. H. Punwani, Generaldirektor Agro, Hindustan Ciba, Bombay

Dr. N.N. Borkar, Generaldirektor Technisches, Hindustan Ciba, Bombay

Dr. J. Huber, Werkleiter, Santa Monica, Hindustan Ciba Geigy, Goa

Dr. V. Trautz, Bereichsleiter Südamerika, BASF, Sao Paulo

Herrn M.M. Salazar, Werkleiter, BASF, Guaratinguetá

Herrn F. Chaves, Abteilungssleiter, BASF, Guaratinguetá

Herrn B. Neumeier, BASF, Guaratinguetá

Dr. E. Goldschmitt, Werkleiter, Bayer (India) Ltd, Thana, Bombay

Dr. J.A. Barve, Direktor Sicherheit und Umwelt, Thana, Bombay

Herrn P.A. Gilgen, Vizedirektor Konzernplanung, Alusuisse-Lonza Services AG, Zürich

Herrn R. E. Frankenfeldt, Vizedirektor Risk Management, Alusuisse-Lonza Services AG, Basel

Herrn K. Kaeslin, Vizedirektor, Alusuisse-Lonza Services AG, Zürich

Herrn N. Öberg, Direktor, Alusuisse-Lonza Services AG, Zürich

Herrn K. Thurnherr, Vizedirektor, Alesa Alusuisse Engineering AG, Zürich

Herrn A. Obrist, Technische Stelle, Holderbank Management & Beratung AG, Holderbank

Herrn H.G. Küenzle, Vizedirektor Technische Stelle, Holderbank Management & Beratung AG, Holderbank

Herrn Dr. A. Wunsch, Direktor Verkauf, ABB, Zürich

Herrn P. Kalas, BAWI, Bern

Herrn PD Dr. Rambuseck, Direktor Schweizerischer Bankverein, Basel

Prof. Dr. E. A. Brugger, Stiftung Fundes, Niederurnen

Prof. Dr. J. Krippendorf, Büro Krippendorf, Bern

Herrn Doorn, Elektrowatt Ingenieure AG, Zürich

GEOGRAPHICA BERNENSIA

Arbeitsgemeinschaft GEOGRAPHICA BERNENSIA
Hallerstrasse 12
CH-3012 Bern

G	GRUNDLAGENFORSCHUNG	Sfr.

G 16   AERNI K., HERZIG H.E. (Hrsg.): Bibliographie IVS 1982.
Inventar historischer Verkehrswege der Schweiz. (IVS). 1983   250.--

G 16   id. Einzelne Kantone (1 Ordner + Karte)   je 15.--

G 17   IVS Methodik   in Vorbereitung

G 20   FLURY Manuel: Krisen und Konflikte - Grundlagen, ein Beitrag zur entwicklungspolitischen Diskussion. 1983   ISBN 3-906290-05-0   5.--

G 21   WITMER Urs: Eine Methode zur flächendeckenden Kartierung von Schneehöhen
unter Berücksichtigung von reliefbedingten Einflüssen. 1984
ISBN 3-906290-11-5   10.--

G 22   BAUMGARTNER Roland: Die visuelle Landschaft - Kartierung der Ressource Landschaft
in den Colorado Rocky Mountains (U.S.A.). 1984   ISBN 3-906290-20-4   20.--

G 26   BICHSEL Ulrich: Periphery and Flux: Changing Chandigarh Villages. 1986
ISBN 3-906290-32-8   5.--

G 27   JORDI Ulrich: Glazialmorphologische und gletschergeschichtliche Untersuchungen
im Taminatal und im Rheintalabschnitt zwischen Flims und Feldkirch (Ostschweiz/
Vorarlberg). 1987   ISBN 3-906290-34-4   20.--

G 28   BERLINCOURT Pierre: Les émissions atmosphériques de l'agglomération de
Bienne: une approche géographique. 1988   ISBN 3-906290-40-9   15.--

G 29   ATTINGER Robert: Tracerhydrologische Untersuchungen im Alpstein. Methodik
des kombinierten Tracereinsatzes für die hydrologische Grundlagenerarbeitung
in einem Karstgebiet. 1988   ISBN 3-906290-43-3   15.--

G 30   WERNLI Hans Rudolf: Zur Anwendung von Tracermethoden in einem quartär-
bedeckten Molassegebiet. 1988   ISBN 3-906290-48-4   15.--

G 31   ZUMBUEHL Heinz J., HOLZHAUSER Hanspeter: Alpengletscher in der Kleinen
Eiszeit. Katalog und C-14-Dokumentation. Ergänzungsband zum Sonderheft
"Die Alpen" 3. Quartal 1988. 1990   ISBN 3-906290-44-1   5.--
(Sonderheft "Die Alpen" 3.Q. 1988 siehe unter: Weitere Publikationen)

G 32   RICKLI Ralph: Untersuchungen zum Ausbreitungsklima der Region Biel.
1988   ISBN 3-906290-49-2   15.--

G 33   GERBER Barbara: Waldflächenveränderungen und Hochwasserbedrohung im
Einzugsgebiet der Emme. 1989   ISBN 3-906290-55-7   25.--

G 34   ZIMMERMANN Markus: Geschiebeaufkommen und Geschiebe-Bewirtschaftung.
Grundlagen zur Abschätzung des Geschiebehaushaltes im Emmental. 1989
ISBN 3-906290-56-5   25.--

G 35   LAUTERBURG Andreas: Klimaschwankungen in Europa. Raum-zeitliche Untersuchungen in der Periode 1841-1960. 1990   ISBN 3-906290-58-1   27.--

G 36   SIMON Markus: Das Ring-Sektoren-Modell. Ein Erfassungsinstrument für
demographische und sozio-ökonomische Merkmale und Pendlerbewegungen
in Stadt-Umland-Gebieten. 1990   ISBN 3-906290-59-X   27.--

G 38   Himalayan environment - pressure and processes. Twelve years of research.
Ed. by B. Messerli, T. Hofer, S. Wymann. 1992   ISBN 3-906290-68-9   1993

G 39   SGmG Jahrestagung. Geographische Informationssysteme in der Geomorphologie.
1992   ISBN 3-906290-72-7   1993

G 40   SCHORER Michael: Sommertrockenheit in der Schweiz im 20. Jahrhundert.
1992   ISBN 3-906290-73-5   1993

G 42   LEHMANN Christoph: Zur Abschätzung der Feststofffracht in Wildbächen.
1993   ISBN 3-906290-82-4   1993

P   GEOGRAPHIE FUER DIE PRAXIS   Sfr.

P 8   THELIN Gilbert: Freizeitverhalten im Erholungsraum. Freizeit in und
       ausserhalb der Stadt Bern - unter besonderer Berücksichtigung freiräum-
       lichen Freizeitverhaltens am Wochenende. 1983   ISBN 3-906290-02-6   5.--

P 9   ZAUGG Kurt Daniel: Bogota-Kolumbien. Formale, funktionale und strukturelle
       Gliederung. 50 S. Resumé in span. Sprache. 1984   ISBN 3-906290-04-2   5.--

P 12   KNEUBUEHL Urs: Die Entwicklungssteuerung in einem Tourismusort.
       Untersuchungen am Beispiel von Davos für den Zeitraum 1930-1980. 1987
       ISBN 3-906290-08-5   25.--

P 13   GROSJEAN Georges: Aesthetische Bewertung ländlicher Räume. Am Beispiel
       von Grindelwald im Vergleich mit anderen schweizerischen Räumen und in
       zeitlicher Veränderung. 1986   ISBN 3-906290-12-3   15.--

P 14   KNEUBUEHL Urs: Die Umweltqualität der Tourismusorte im Urteil der
       Schweizer Bevölkerung. 1987   ISBN 3-906290-35-2   12.50

P 15   RUPP Marco: Stadt Bern: Entwicklung und Planung in den 80er Jahren.
       Ein Beitrag zur Stadtgeographie und Stadtplanung. 1988
       ISBN 3-906290-07-7   20.--

P 17   BAETZING Werner: Die unbewältigte Gegenwart als Zerfall einer traditions-
       trächtigen Alpenregion. Sozio-kulturelle und ökonomische Probleme der
       Valle Stura di Demonte (Piemont). 1988   ISBN 3-906290-42-5   30.--

P 18   Photogrammetrie und Vermessung - Vielfalt und Praxis. Festschrift Max
       Zurbuchen. Von Grosjean M., Hofer T., Lauterburg A., Messerli B. 1989
       ISBN 3-906290-51-4   9.--

P 19   HOESLI T., LEHMANN Ch., WINIGER M.: Bodennutzungswandel im Kanton Bern
       1951-1981. Studie am Beispiel von drei Testgebieten. 1990
       ISBN 3-906290-54-9   20.--

P 20   Zur Durchlüftung der Täler und Vorlandsenken der Schweiz. Resultate des
       Nationalen Forschungsprogrammes 14. Von Furger M., Wanner H., Engel J.,
       Troxler F., Valsangiacomo A. 1989   ISBN 3-906290-57-3   25.--

P 21   BAETZING Werner: Welche Zukunft für strukturschwache nicht-touristische
       Alpentäler? Eine geographische Mikroanalyse des Neraissa-Tals in den
       Cottischen Alpen (Prov. Cuneo). 1990   ISBN 3-906290-60-3   40.--

P 22   Die Alpen im Europa der neunziger Jahre. Ein ökologisch gefährdeter
       Raum im Zentrum Europas zwischen Eigenständigkeit und Abhängigkeit.
       Von Bätzing W., Messerli P., Broggi M. u.a. 1991   ISBN 3-906290-61-1   38.--

P 23   Umbruch in der Region Bern. Aktuelle Analysen - neue Perspektiven -
       konkrete Handlungsvorschläge. Von Aerni K., Egli H. R., Berz B. 1991
       ISBN 3-906290-66-2   12.--

P 24   PORTMANN Jean-Pierre: Paysages de Suisse: le Jura. Introduction à la
       géomorphologie. 1992   ISBN 3-906290-69-7   1993

P 25   MEESSEN Heino: Anspruch und Wirklichkeit von Naturschutz und Land-
       schaftspflege in der Sowjetunion. 1992   ISBN 3-906290-76-X   30.--

P 26   BAETZING Werner: Die Entwicklung des Alpenraumes auf Gemeindeebene -
       kommunale Strukturdaten und regionale Entwicklungstypen. 1993
       ISBN 3-906290-80-8   1993

P 27   WYSS Markus: Oekologische Aspekte der wirtschaftlichen Zusammenarbeit
       mit Entwicklungsländern. 1992   ISBN 3-906290-83-2   1992

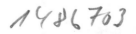